恵信尼

親鸞とともに歩んだ六十年

今井雅晴

法藏館

はじめに——新しい恵信尼像——

親鸞の妻　恵信尼（一一八二—一二六八以降）は鎌倉時代の念仏僧、親鸞（一一七三—一二六二）の妻です。親鸞は浄土真宗の開祖として知られています。その思想は、主著『教行信証《きょうぎょうしんしょう》』（顕浄土真実教行証文類）』や門弟の唯円がまとめたとされる『歎異抄《たんにしょう》』などに示されています。阿弥陀仏がほんとうに救いの対象としているのは自分をどう救いようもない悪人であるとする悪人正機説とともに、親鸞の名前を思い起こす人も多いでしょう。恵信尼は、その親鸞の妻として長い人生をともに歩みました。それは六十年もの長きにわたりました。その後の浄土真宗門徒の間では、長い間、住職の妻である坊守の手本とされてきました。

従来の恵信尼像　従来の一般的な恵信尼の姿は、次のような内容でした。すなわち、「親鸞聖人にひたすら仕えた妻」という姿です。「仕えた」という言葉は、親鸞は主人、恵信尼は家来、というにおいがします。また、「親鸞と恵信尼とは、お互いを観音菩薩として尊敬しあっていた、最初から最後までよい夫婦であった」という姿もありました。現代から見ると、これは何か違うのではないか、というのが私の印象です。右の二つの姿は、江戸時代以降の男尊女卑の男女関係を念頭に置いた内容でしょう。

女性の自立度が高かった鎌倉時代においては、もっと別の夫婦関係であったろうと見ていくことが大切と思うのです。

親鸞とともに歩んだ恵信尼

恵信尼が六十年もの長い間親鸞とともに歩んだことは間違いありません。その人生をどのように歩んだのか。関係史料の再検討と、その際に必要な新しい現代的視点。本書はその上で、親鸞とともに歩んだ新しい恵信尼像を明らかにしていきたいと思います。

恵信尼の一生

恵信尼は摂関家に仕える貴族の娘として生まれました。父は三善為教《みよしためのり》という名前です。越後介に就任したことがある、中級クラスの貴族です。恵信尼が越後国の豪族の娘であったという従来の説は、おそらく事実ではありません。むろん従来から、恵信尼は京都の貴族の出身であるという説もありました（赤松俊秀『親鸞』吉川弘文館、一九六一年）。ただ第二次大戦後、親鸞日野家出身説を否定する傾向と歩調を合わせるように、恵信尼貴族出身説を否定する傾向が強かったのです。

摂関家というのは、摂政《せっしょう》や関白を出す藤原氏の本家のことです。摂関家は平安時代後期から鎌倉時代に、朝廷で人勢力を振るっていました。摂関家の中でも、兄弟・伯父甥の熾烈な争いがありました。勝ち抜いたのは藤原道長《ふじわらのみちなが》であり、そして親鸞・恵信尼の関わりでいえば九条（藤原）兼実《かねざね》でした。

恵信尼の三善家は、摂政から関白に昇ったこの九条兼実に仕えていました。兼実は、平安時代末期の平清盛全盛時代に、二十年もの間右大臣として不遇の状態にありました。源頼朝が現れるとこれと手を結び、平家滅亡後は頼朝の後押しで摂政から関白に昇りました。兼実には後鳥羽天皇の中宮となった任子《にんし》《とうこ》という娘がいました。家族ぐるみで上級貴族に仕える中下級貴族のあり方からいえば、恵信尼はこの任子に仕えた気配です。

成人した恵信尼は、やがて専修念仏を説いた法然の有望な弟子親鸞と結婚しました。二十一、二歳のころでしょう。親鸞は恵信尼の九歳年上です。結婚生活は恵信尼の家で行われたものと推定されます。やがて恵信尼二十六歳のとき、親鸞は流罪となり、越後に流されました。恵信尼も流人の妻として越後へ移りました。

ただ、従来から言われていたような、「親鸞は越後で食うや食わずの生活、慣れない田んぼ仕事などで苦しかった」というような生活ではなかったようです。実際は安定した生活が保証されていたと推定されます。それは親鸞の伯父日野宗業《むねなり》が、親鸞が流される一か月前に、臨時の除目《じもく》によって越後権介《えちごのごんのすけ》に就任しているからです。除目とは、朝廷の役職の任命が発表される行事のことです。越後権介は、越後国司（次官）です。親鸞は現職の越後国司によって生活が守られるということになるのです。ということは、宗業が甥の越後での生活を守るために越後権介に任命してもらったということでしょう。

「それとこれとは別、流人は流人として処遇される」という時代ではありません。今日風にいえば、公私混同の時代です。私たちは、鎌倉時代の常識をもとにして親鸞や恵信尼の伝記を理解しなければなりません。

そして恵信尼三十三歳、親鸞四十二歳のときに一家は関東へ移住しました。すでに小《お》黒女房《ぐろのにょうぼう》という娘と信蓮房《しんれんぼう》という息子が生まれていました。関東においてはさらに息子の日野有房《ありふさ》、娘の高野禅尼《たかののぜんに》と覚信尼が生まれています。親鸞は関東において念仏の布教に励んで多くの門弟を得ました。また主著となった教学書『教行信証』を執筆しました。

恵信尼五十一歳、親鸞六十歳のころ、親鸞は一人で京都に帰りました。恵信尼や子どもたちは越後に移りました。私たちは子どもということでなんとなく錯覚してきましたけれども、小黒女房はすでに二十代の半ば、信蓮房も二十二歳のいい大人です。有房も高野禅尼も成人に達していたでしょう（当時、男性は十五、六歳で大人、女性は十三歳で大人です）。配偶者もいれば子どももいる、仕事がある、という状況であったに違いありません。末娘の覚信尼のみ、九歳でした。

従来から言われてきたように、親鸞が家族を引き連れて京都へ帰ったなどとはとても考えられません。京都に家や収入源のない親鸞に、家族を連れていけるとは思えません。そののち、恵信尼は越後で領主としての生活を送りました。恵信尼が八十一歳のとき、親鸞は九十歳で亡くなりました。恵信尼は、その後八十七歳まで活動していました。それはその年に京都の覚信尼に送った手紙の存在によって確認できます。その後の消息は不明です。この年に亡くなった可能性が大きいと考えられています。文永《ぶんえい》五年（一二六八）です。仮りにそのように考えると、平成二十九年（二〇一七）に恵信尼七百五十回忌が来ることになります。

　恵信尼が越後で過ごしたのは、五十一歳ころから八十七歳まで三十数年の長きにわたりました。その生活や信仰はどうであったのか。興味が尽きないところです。

女性が自立していた時代　恵信尼が生きた社会においては、女性は家庭的・社会的に自立していました。現代に近い状態と言ってもいいでしょう。現代より、もっと自立していると言ってよい部分もあります。結婚生活は夫が妻の家に通う。やがて同居するにしても、それは夫の家ではなく、妻の家においてです。また結婚しても妻の姓が変わることはありません。現代のような戸籍はありませんし、そもそも、夫婦を同じ姓にしようという発想はありません。亡くなってからの墓所も夫婦は別です。一緒のお墓に入ろう、という発想もありません。妻は夫の家族の墓に入らなければいけない、などとは夢にも考えられていませんでした。妻が夫と一緒の墓に入るようになったのは室町時代になってからです。鎌倉時代、女性は家庭的・社会的に自立していて、社会を動かす大きな力を持っていました。当然、どのように人生を生きていくか、その責任も自分自身にかかっていました。人生の節目での決断は女性自身の責任でした。恵信尼はそのような社会に生き、自分の人生を切り開いていったのです。

すでに述べましたように、恵信尼の出身は京都の中級クラスの貴族三善家です。「摂関家」というような言い方をしますと、三善家は博士家《はかせけ》でした。貴族の教育機関である大学での教授ともいうべき、博士を出す家柄です。博士の中でも三善家は算博士《さんはかせ》の家柄でした。「算」とは算数すなわち数学です。また三善家は信心に基づく念仏の信仰にあつい家柄であったと推測されます。法然を生んだ比叡山の黒谷の念仏者たちとも親しかったようです。そのような伝統の中で一家は法然と親しみ、そこに親鸞が現れたというわけです。

自分の意志で生き方を選択

恵信尼は、何度かの人生の転機において、それぞれ自分の意志で生き方を選択していったと推定されます。法然の著書『選択本願念仏集』にあるような選択とは、仏教の世界のことだけではありません。当時一般の社会でも同様でした。選択と選捨《せんしゃ》は社会の風潮でした。選捨とは、自分には不必要であるとして捨てることです。

このような風潮の社会だからこそ、法然の「選択本願念仏」は社会に受け入れられたのです。法然が選択という社会の流行を作ったのではありません。

なお『選択本願念仏集』というのは、「仏教の開祖である釈迦が選び択んだ、阿弥陀仏のほんとうの願いが込められた称名念仏こそすべての人々が救われる道、ということを示した諸経典からの文章を集めた本」という意味です。

恵信尼は、自分で選んだ環境の変化に耐え、その中で自分を成長させていった女性でした。親鸞が布教にはげみ、多くの門徒を得た関東では、その門徒から慕われる女性となりました。次の越後では、まさに一族を率いる領主としての存在感がありました。そして信仰も明確に示したのです。さらにまた夫親鸞の六十代以降の京都での生き方も、信頼して見守る度量を示していました。

恵信尼の一生は、生き方にとまどう現代社会の人々に、明日に向かって充実感を持って生きる道を示してくれるでしょう。

なお本書における親鸞と恵信尼関係の著書・書状の出典は、『浄土真宗聖典——原典版——』（本願寺出版社、一九六五年）です。ただし読みやすくするために句読点をつけ、片仮名は平仮名に改め、濁点が必要なところには濁点をつけました。

恵信尼——親鸞とともに歩んだ六十年——＊目次

はじめに――新しい恵信尼像―― i

第一章 京都の貴族・恵信尼

一、三善家の雰囲気と伝統……3
1 三善家は博士家 3
2 三善為康の信心の念仏と黒谷の念仏者 6
3 三善為教、関白九条兼実に仕える 11
二、恵信尼の誕生……14
1 貴族の女性の誕生から結婚まで 14
2 恵信尼、九条兼実の娘任子に仕える 23
三、九条家と恵信尼……26
四、親鸞との出会いと結婚……29
1 親鸞の六角堂参籠 29
2 吉水草庵での親鸞との出会い 34
3 恵信尼と親鸞の結婚 40

4　親鸞と他の女性　45

第二章　越後に下った恵信尼

一、親鸞の越後下向に同行する……………………49

1　法然の集団への弾圧――建永（承元）の法難　49

2　恵信尼、親鸞の越後流罪に同行　60

二、越後での生活……………………61

1　越後での日常生活は楽だった　61

2　越後の家庭生活　67

3　親鸞の孤独の学び　72

4　親鸞、布教への決心を固める　75

三、流罪を許された親鸞と恵信尼……………………76

1　流罪赦免　76

2　親鸞の関東行の決心　79

3　恵信尼に関東行きのためらいはなかったか　80

4 親鸞聖説をめぐって 82
四、恵信尼の関東移住の決心……84
1 宇都宮頼綱を頼る 84
2 常陸国笠間郡稲田郷とはどのようなところか 87
3 恵信尼、九条任子を頼ったか 90

第三章 関東の人々と暮らす恵信尼

一、親鸞の信心のゆらぎ……93
1 関東への旅 93
2 佐貫での千部経読誦とその中止 94
二、夫婦の絆を確認……102
1 夫は観音菩薩――常陸下妻での夢 102
2 鎌倉時代の人々にとっての夢 107
3 恵信尼の夢の意味 109

三、関東の生活……111
1 親鸞と恵信尼一家の住所 111
2 親鸞の布教生活 113
3 「在家仏教」の意味 115
4 念仏布教における恵信尼の働き 123
5 『教行信証』の執筆 133
6 親鸞五十九歳の時にもう一度信心が揺らいだこと 138
四、関東に残った恵信尼のイメージ……142
1 恵信尼の画像と木像 142
2 玉日伝説の発生 144

第四章　恵信尼の越後移住

一、親鸞の帰京……151
1 親鸞の帰京 151
2 恵信尼の出家 157
3 稲田の見返り橋と親鸞が詠んだという和歌 159

二、恵信尼の越後移住……161
1　家族の経済　161
2　家族の配置　162
三、帰京後の親鸞……167
1　京都の生活　167
2　家族との交流　170

第五章　越後の農村に住む恵信尼

一、越後の生活……175
1　農村の領主　175
2　母として祖母として　181
二、覚信尼との心の通い合い……183
1　京都の覚信尼　183
2　覚信尼との心の通い合い　184

三、晩年の恵信尼の信仰……188
1　信心の念仏　188
2　五輪塔を望む　189
3　恵信尼の極楽浄土観　192
4　恵信尼の没　194
おわりに　197
あとがき　203

恵信尼

――親鸞とともに歩んだ六十年――

第一章　京都の貴族・恵信尼

一、三善家の雰囲気と伝統

1　三善家は博士家

貴族間の非常に激しい生存競争

日本では、奈良時代初めから、朝廷の貴族たちの大幅な交代はありませんでした。その点、同じ東アジアに位置していても中国や朝鮮とは異なります。貴族の中での勢力争いはつねにありましたけれども、異民族が攻め込んできて支配者が完全に変わるなどということはありませんでした。その状態が二百年、四百年と続く中で、貴族の数は増え続け、膨大な数になりました。限られた数の官位　官職を争い、最高権力者つまりは摂関家を中心とする上級貴族が固定していく中で、失意の中下級貴族は、一家の経済的立場を守るために、家の特色を出そうとしました。和歌を家の特色として押し出した藤原定家などは有名です。親鸞の日野家は儒学《じゅがく》でした。恵信尼の三善家の場合は算術でした。三善家は行政事務の能力も磨いていきました。

　他の中下級貴族の多くがそうであったように、三善家では一家・一族を挙げて勉強に励む雰囲気を維持していました。でも後継者になるべき長男あるいは男子の専門的能力がいつも高いとは限りません。その場合には養子を迎えるのです。平安時代・鎌倉時代の中下級貴族の系図は、誰が誰の実子か養子かよくわからないことも多いです。

算博士三善家　この状況の中で、三善家は算博士の職を着実に得ていきました。また、博士家程度の貴族が就任する地方の国司の職も、ずっと続けてということではないのですけれども、確保していました。恵信尼に至る系図は、次のようになります。この系統は、越後以外の国司に就任することもありました。

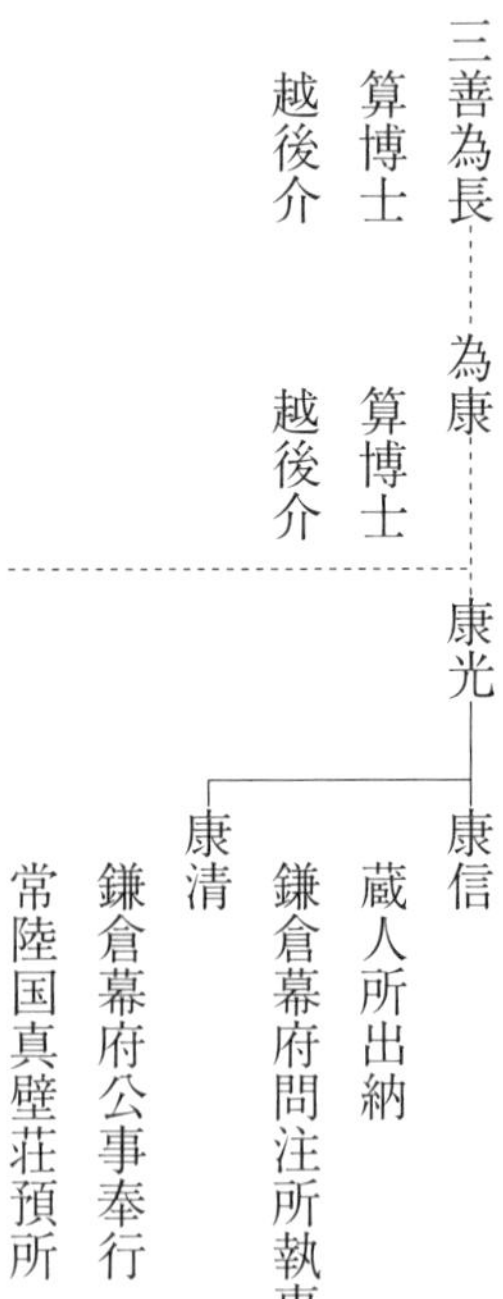

為教──恵信尼
越後介

実線は実の親子兄弟関係、点線は養子です。三善家はこれ以外にも何人も男子がいて、それなりに活躍していますが、越後介に任命され、三善家の通字《つうじ》（親子兄弟が共通して使う名前の漢字）「為」の字が名前の最初についているという理由で、この為長・為康・為教の系統が主流だったと推定されています。

系図上は為教の父にあたる為康《ためやす》は、もともとは越中国射水郡《いみずぐん》（現在の富山県射水市や高岡市付近）の豪族射水氏の息子でした。幼いときから学問がよくできて、都へ出てその道を磨く決意を固め、為長の門に入りました。為長は為康が算術その他の学問があまりによくできるので養子にしました。

しかし博士の定員は少なく、またいくら為長の養子であるとはいっても地方出身であるためか、算博士になれたのはもう五十代の半ばになってからでした。そのため途中、行政職で職を得る勉強も懸命に行いました。その結果三善家は朝廷と、新たに成立した鎌倉幕府とを股にかけた活躍をするに至りました。

2　三善為康の信心の念仏と黒谷の念仏者

観音信仰から阿弥陀信仰へ

為康は、熱心な阿弥陀信仰者として、『本朝新修往生伝』に「算博士三善為康」として伝記が出ています。それによりますと、まず、

博士幼少の時より、偏へに観音に帰す。（原漢文）

〔博士（為康）は幼いときからひたすら観音菩薩を信仰していました。〕

とあります。そして、

五十以後、日別の念仏一万遍。

〔五十歳以降になると、一日に念仏を一万回称えるようになりました。〕

というのです。伝記によれば、それは阿弥陀仏の極楽浄土へ往生したという夢を見たことがきっかけとなったそうです。そして九十一歳という高齢になった保延《ほうえん》五年（一一三九）、病気になって臨終が近い気配となります。

信心の念仏

右の『本朝新修往生伝』に、

保延五年六月三日、身に病患有り。起居する能はず。左右に語りて云ふ。来る八月終焉の期なり。近きに存り。宜しく善業を修すべし。念仏の外、他事する能はず。猶子行康相勧めて言ふ。出家して戒を持つは、法器に協《かな》ふべきか、如何。答へて云ふ。

往生極楽は信心に在るべし。必ず出家に依るべからず。念仏の功積りて、畢命を期と為さば、十即十生、百即百生なり。（原漢文）

〔保延五年六月三日、為康は病気になりました。起き上がることもできなくなりました。そこで看病してくれている人たちに言いました。「間もなく来る八月が私の最後のときだろう。極楽往生のために役立つ行いをしなければならない。でも念仏の他は何もできない」。すると猶子の行康が勧めて言いました。「出家して受戒すれば極楽へ往生できるというじゃありませんか。出家したらいかがですか」。すると為康が答えて言うことには「いや、極楽への往生は信心によるのだ。必ず出家しなければいけないということではない。信心に基づく念仏を亡くなるまで称え続ければ、その功徳によって、十人なら十人全員、百人でも百人全員が極楽往生できるのだ」ということでした。〕

まだ法然によって専修念仏の理論的構築がなされているわけではないので、いろいろな用語は従来からのものが使われています。しかし明確にわかることは、為康は信心に基づく念仏を、もっとも、そして唯一、重要であるとしていたのです。これは平安時代の貴族の発言としては非常に珍しいと言えます。貴族たちは、重病あるいは臨終に近くなると、必ず出家したのです。出家するということは釈迦の弟子になるということです。それには大きな功徳があり、その功徳によって病気が治る、あるいは極楽往生できると考えられていたからです。そのような常識の中で、為康は往生極楽は信心（の念仏）によるのだと主張し、臨終までそのような行動に徹したのです。驚くべきことといわねばなりません。

往生伝の編纂　また為康は、熱心に念仏を称えて過ごし、その結果極楽往生できたであろう人々を訪ねて伝記を調べたといいます。彼はそれをまとめて、二冊の往生伝を著しました。それが『拾遺往生伝《しゅういおうじょうでん》』と『後拾遺往生伝《ごしゅういおうじょうでん》』です。いずれも現代まで伝えられています。往生伝というのは、念仏を称えて極楽往生した人たちの伝記を集めたもの、という意味です。十世紀の『日本往生極楽記』から始まって、何点もの往生伝があります。

質直の心　為康の往生伝には質直《しちじき》という言葉がよく出てきます。素朴で素直な心、という意味と思われます。『拾遺往生伝』序に、

質直の心、往生の門なり。

〔素朴で素直な心は、極楽往生の入り口です。〕

と強調しています。また彼の往生伝では、極楽往生した人の慈悲の心を何度も賛美しています。質直の心と、慈悲に基づく信心の念仏。為康はそのような人生を送ったのでしょう。

黒谷の聖人たち　為康について、もう一つ注目すべきことがあります。それは比叡山黒谷に隠遁して念仏を称えて過ごす聖人たちと親しかったことです。

聖人といえば念仏を称えることを専門にする下級僧侶のことです。上人も同じ意味です。もともと、そのような行動をする人たちのことは「ひじり」と呼ばれていました。その「ひじり」に聖の漢字があてられ、さらに「人」がつけられて「聖人」と呼ばれるようになったのです。本来は特に尊いとか、特に立派とかいう意味ではありませんでした。

為康の『拾遺往生伝』の序に次のように書かれています。文中、魯山というのは大原のことです。ここにも多くの念仏者がいました。

或る記に云ふ、保安四年、台嶺黒谷の聖人浄意、魯《ろ》山《さん》の朱鈸《しゅばつ》、弟子為康、合力《ごうりょく》して之を撰す。（原漢文）

〔ある記録に次のように書かれています。保安四年、比叡山黒谷の聖人である浄意、大原の朱鈸、それから釈迦の弟子である私為康が力を合わせて本書をまとめました。〕

右の文章は現在伝えられている『拾遺往生伝』の目次の後に書かれています。一応、本書の序であると解釈されているのですが、「或る記に云ふ」とあるからには、他の本に書かれていた文が、本書を書写する段階で混入されたのではないかとも考えられています。『拾遺往生伝』の為康自筆本は残されていません。他の人が書写した本で伝えられているのです。

ただ為康が黒谷（および大原）の念仏者たちと親しかったことは動かないでしょう。貴族である為康が聖人たちと親しかったという意味は、単に交流が深かったというだけでなく、聖人たちの生活費を出してあげた、という意味となります。聖人たちだってご飯を食べなければ生きていけません。

黒谷は延暦寺の寺院組織を離脱した人たちが多く集まっていた所です。貴族などの経済的援助がなければ生活していけません。

三善家の伝統　為康から始まる、信心の念仏と黒谷の念仏者への援助は、以後の三善家の伝統となっていったのではないでしょうか。黒谷出身の法然が関白九条兼実と親しかったことはよく知られています。法然は兼実の求めによって『選択本願念仏集』を著しました。兼実が出家するときには、関白経験者としては異例ながら、無位無官の聖人である法然が戒師《かいし》を務めています。浄土真宗では、法然は黒谷聖（上）人と呼ばれています。恵信尼の父三善為教は兼実に仕えていました。

恵信尼が法然の吉水草庵を訪ね、その教えを受けていたことは、まず、間違いありません。それは恵信尼個人というより、三善家の法然崇敬の中での行動でしょう。兼実に法然を紹介したのは誰か。それはいまだ明らかになっていないのですけれども、為教という線は考えられないでしょうか。

為康の多方面の活躍　為康はなかなか算博士に任命されないので他の専門や行政能力を身につける努力もしました。その結果、多方面にわたる著書があります。彼が著した『朝野群載』（全三十巻）は平安時代の詩や文章、公私の文書を分類して編集したものです。朝廷の役人が先例を調べたり文書作成するときにとても便利な書物だったと思われます。現在でも平安時代の行政を知るために必ず参照すべき史料です。官職や政務・儀礼を辞典的に解説した『懐中歴《かいちゅうれき》』『掌中歴《しょうちゅうれき》』、数学書の『三元九紫法《さんげんくしほう》』、仏教書の『仏法感験記《ぶっぽうかんげんき》』『六波羅蜜寺縁起《ろくはらみつじえんぎ》』『叡山根本大師伝《えいざんこんぽんだいしでん》』などもあります。このような為康の活動は、息子康《やす》光《みつ》が政治社会の事務官僚として世に出るのに大きな手助けとなりました。

3　三善為教、関白九条兼実に仕える

カネとコネの官位・官職任命　平安時代から鎌倉時代の中級さらには下級貴族は、人事権を握る上級貴族に仕えないと絶対に官位・官職は得られませんでした。これは、朝廷の政治体制のもとである律令制度が確立した奈良時代の初めから、支配者層が変化しなかったという事情によります。

人間の一代は三十年といわれています。三十年経つと世代が交代するという意味です。

奈良時代は和銅《わどう》三年（七一〇）に始まりますから、鎌倉時代が始まる文治《ぶんじ》元年（一一八五）までを取るとすると、四百七十五年あります。一代三十年とすると、十六代くらいでしょう。ある貴族に男子が四人いたとして、それぞれ代々四人ずつの男子が生まれたとすると、十六代後には何人になるでしょうか。なんと約十億人となります。すると、奈良時代の初めに一人が越後介になることができたとすると、鎌倉時代の初めには十億人で越後介を争わなければならない計算になります。むろん早死にする人もいるでしょうけれども、逆にもっと多くの男子を持つ人もいます。和歌で知られた藤原定家の父俊成など、男の兄弟だけで十八人もいたのです。官位・官職の必死な取り合いです。でも官位・官職はむやみには増やせません。そんなことをしたら国庫が破綻してしまいます。

為教、九条兼実に仕える

かくて、朝廷の官位・官職は賄賂《わいろ》や人間関係で決まりました。カネ（金）とコネ（コネクション）です。賄賂は正当な政治手段でした。官職は現代でいうところの適材適所で決まるのではなく、その職に就任することを希望する者の中から、カネとコネで選ぶのです。そのカネには限度がありますから、コネをつけるために人事権を握る上級貴族の家で働くのです。三善為教の場合、主家は九条兼実でした。

兼実の日記『玉葉』治承二年（一一七八）正月二十七日条に、為教に関する次の記事があります。治承二年というのは、恵信尼が誕生する四年前です。

越後介（中略）、去年、臨時に三善為則に給るを停む。（原漢文）

〔先年、定期異動ではない時期に任命していた三善為則の越後介をやめさせました。〕

という内容です。文中の為則が親鸞関係の史料でいうところの為教であろうと考えられています。この記事は何気なく書かれています。ということは為教の越後介任命は自分の権限で行ったということを示しています。無関係の中下級クラスの貴族の官職任免など記すことはありません。貴族の日記は、現代風の毎日の記録、心境の告白などではなく、子孫に朝廷での振る舞い方を教える事務的参考文献なのですから。

越後は九条兼実の知行国　さらにいえば、越後国は兼実の知行国《ちぎょうこく》でした。知行国というのは、「国司を任命する権利を持っている国」ということです。平安時代からこのような慣行が始まったのです。諸国の国司の長官である守と次官である介は、朝廷で人事権を握っている者が直接人を選ぶのではなく、選ぶ権利を持っている貴族（または皇族）にお伺いを立て、その指名する人物を選ぶのです。権利を持っている人を知行国主といいました。越後国の知行国主は九条兼実の九条家でした。ですから為教を介に任命し、また罷免することなど簡単にできたのです。

知行国主を任命する権利は、天皇または上皇でした。後に親鸞が流罪になったころ、越後国の知行国主を任命する権利は後鳥羽上皇が持っていました。九条家が越後国の知行国主でした。親鸞の流罪先に越後国が選ばれたのは、これらのことに関係があるようです。

二、恵信尼の誕生

1　貴族の女性の誕生から結婚まで

恵信尼の誕生と名前

恵信尼は寿永《じゅえい》元年（一一八二）に誕生しました。幼名はわかりません。幼名だけでなく、成人してからの名前も不明です。わかっているのは出家してからの恵信という名前だけです。今日、男性は僧○○としないのに女性には「○○尼」または「尼○○」となぜ「尼」をつけるのか、男女差別ではないかという意見があるのはよくわかっています。昔の史料では、「尼」という字をつけて尼恵信という例はよくあります。ただ、浄土真宗の世界では恵信だけより恵信尼とした方がわかりやすいので、本書では恵信尼と表記しています。

恵信尼誕生のとき、親鸞は十歳となっていました。比叡山で修行を始めた翌年でした。恵信尼が誕生したのは、母の家においてだったでしょう。父為教は通ってくる生活か、同居か、いずれかでした。恵信尼の誕生においては、家族は現代にもまして緊張したに違いありません。

貴族の出産　出産はとても危険なことでした。そもそも、母子ともに命がある、無事というのが少ない時代であったといわれています。現代の出産は、妊婦があお向けになる姿勢が普通ですが、当時は座って行う座産でした。上から吊るした紐にしがみついて力を入れていきむ形です。家の構造からしてまだ天井はありませんので、紐は屋根裏から垂らしていたはずです。

座産では、妊婦を一人の女性が後ろから抱えました。横にも支える女性がついていました。妊婦や手伝いの女性たちは白い衣を着、産室も白で統一しました。白は浄い色でした。悪霊《あくりょう》が取りつき難産にすることを防ぐためです。産室の近くの部屋では、その悪霊退散のため、僧侶たちが加持祈禱《かじきとう》を凝らしていました（服藤早苗『平安朝の母と子』中央公論社、一九九一年、同『平安朝　女性のライフサイクル』吉川弘文館、一九九八年）。恵信尼はこのような状況の中で誕生したと思われます。

乳母の働き　生まれた子には、そして恵信尼には、乳付《ちつけ》やお湯殿《ゆどの》の儀《ぎ》などのお祝いの行事がありました。乳付というのは、口の中を清潔にして形式的に乳を含ませる行事です。お湯殿の儀は、お風呂に入れる行事で、一日に二回、七日間続きました。当時のお風呂は蒸し風呂です。
また『枕草子』第百六十一段に、
苦しげなるもの、夜泣きといふものするちごの乳母。
〔苦しそうなのは、夜泣きをする赤ん坊の乳母。〕
とあります。赤ちゃんの世話は母親ではなく、乳母がしたのです。
乳母は家来筋の女性が務めました。彼女はその夫や息子・娘たちとともに、誕生した赤ちゃんを一生盛り立てました。そのころ、乳母は乳人と書き、その夫は乳人夫と書きました。いずれも読み方は「めのと」です。夫婦二人を示すときも乳人と書きました。恵信尼にもそのような乳人がいたに違いありません。乳人が育てた子には、乳人の息子や娘もその人を主人として一生の間懸命に仕えました。乳人子《めのとご》といいます。彼らは主人と同年配で、お互い親近感をいだいて成長し、武士などの世界ではもっとも信頼できる家来となったのです。

誕生のお祝い　また赤ちゃんが誕生すると、親戚が来て産婦の衣服やおむつ、お餅・赤飯などの贈り物をしました。誕生会も行われました。誕生会は三夜（三日目の晩）・五夜・七夜・九夜と続きました。なかなか大変なものでした。その後もいくつものお祝いの行事がありました。子どもの死亡率が高かった時代ですので、このようなお祝いの会をして健やかな成育を願ったものでした。恵信尼はこれらの行事をひと通り経験したのでしょう。その中で父為教が思っていたことは、いずれ恵信尼によい「婿《むこ》がね（お婿さん）」を迎えたいということだったでしょう。それが一家の発展にもつながります。

九条兼実の繁栄

恵信尼誕生のころは、三善家の主家九条兼実は右大臣ではありましたが、繁栄する平家からは大切にされず、不遇の時期でした。平家は、兼実の異母兄近衛《このえ》基実《もとざね》や松殿基房《まつどのもとふさ》と結んで、兼実とは距離を置いていました。基実や基房がそれぞれ摂政や関白に就任するのを横に見て、兼実は何とか自分も朝廷政治を取り仕切りたいと望んでいました。源頼朝が平家を壇ノ浦で全滅させた翌年の文治二年（一一八六）、後白河法皇の指示で兼実は後鳥羽天皇の摂政となりました。兼実は源頼朝に協力的だったので、幸運が巡ってきたのです。

当時の摂政あるいは関白になった藤原氏本家の人は、氏長《うじのちょうじゃ》者という藤原氏惣領《そうりょう》の立場と、それに伴う多数の荘園群を手に入れました。摂政と関白が同時に存在することはありませんし、よく間違えられるような「摂政関白」などというような官職もありません。

藤原氏の氏長者となった兼実のもとで、その家司である為教は、以前にもまして忙しくなったものと思われます。しかしおかげで三善家は一段と経済的にうるおったはずです。

教養と身だしなみを身につける

その三善家の姫として、恵信尼には教養や女性としての身だしなみを身につけさせたでしょう。それは乳母の導きによります。乳母は必ずしもお乳が出なくてもいいのです。乳母が複数つくことも多いですし、きちんと導く能力のある人がいることが必要でした。

女性は十歳ころから大人への道を歩き始めます。教養や女性としての身だしなみを身につけ始めます。まず髪は肩にかかる程度の振り分け髪だったのを、長く伸ばすようになります。大人の女性の髪は黒くて艶があり、長いのがよいとされていました。赤茶けた髪はあまり好まれませんでした。髪の毛が長く、腰に届くほどになると、洗った後が大変だったようです。水分を含んだ髪が重くなって額の生え際を引っ張るので、立ったり座ったりできず、何時間も横になって乾くのを待ったそうです。顔の眉は毛抜きで全部抜き、額の中ごろに眉墨《まゆずみ》でぼかしながら眉を描きます。もとの眉の位置より高いので、後世には天井眉と呼ばれました。顔全体には白粉《おしろい》を塗りました。白粉は原料が主に鉛ですので、何らかの健康被害が出た女性もいたのではないでしょうか。また頬紅や口紅も塗りました。

和歌を学ぶ　他方、貴族の女性が身につけるべき教養は、主に四つありました。その第一は、和歌を詠むことです。和歌は貴族の女性として第一の教養でした。よい和歌を詠むためには『古今和歌集』から学ぶことが必要とされていました。

『古今和歌集』は、平安時代前期の延喜《えんぎ》五年（九〇五）に、紀貫之《きのつらゆき》らによってまとめられたものです。和歌数は全部で千百十一首あります。貴族たちはこれらの和歌を暗記し、優美《ゆうび》・繊細《せんさい》な雰囲気を身につけるべく、努力しました。当然のように恵信尼も『古今和歌集』を暗記したはずです。

読み書きを学ぶ　第二は、文字の読み書きです。和歌を文字で表現しなければなりません。男性と違いますので、漢字の読み書きは強制されなかったと思いますが、それでも漢文・漢詩、それから経典を読むためにも漢字も学んでいたと考えられます。まして三善家は博士家ですのでなおさらです。

琴の演奏を学ぶ　第三は、琴を弾くことです。なぜかというと、当時の貴族たちは家族で琴の合奏をして楽しんでいたからです。琴には六弦（和琴《わごん》）あるいは十三弦（箏《しょう》の琴《こと》）などがありました。もう一種類、七弦の琴があったのですが、平安時代後期には廃れていました。したがって恵信尼が七弦の琴を練習することはなかったでしょう。貴族たちは春夏秋冬の花鳥風月を愛でながら、その雰囲気の中で琴を演奏していたのです。

裁縫を学ぶ　第四は、裁縫です。将来結婚したとき、夫の着物は妻が縫う習慣だったからです。実は貴族たちは他人に見られるような労働はしてはいけなかったのです。そのような労働は卑しいもので、身分の低い使用人が行うべき仕事であるとされていました。その中で例外的に裁縫だけは女性が学ぶべき教養でした。

恵信尼が八十七歳のときの最後の手紙に、

又、はりすこしたび候へ。このびんにても候へ。御ふみの中にいれてたぶべく候。

〔また、針を少しください。この手紙を運んでくれる人にでも託してください。

あなたのお手紙の中に挟んで送ってください。〕

とある針は、まさに裁縫の道具です。裁縫は、晩年の恵信尼が越後へ行ってから、あるいは関東さらにはその前の流罪先である越後で習ったのではなく、少女のころから身につけていたのです。

夫の話し相手

貴族の妻としての第一の条件は、夫の話し相手になれることでした（川村裕子『王朝生活の基礎知識――古典の中の女性たち――』角川書店、二〇〇五年）。『古今和歌集』その他の古典をよく知っていることや、社会情勢、貴族の人間関係などをよく知っているとか、あるいは人生で起きる問題にどう対処していくとか、それらさまざまの事柄で夫が頼りにしてくれる女性でした。夫の立場をよく理解し、協力できる能力がなければなりません。

九条兼実の妻

九条兼実は、幼なじみでもある正妻の藤原兼子《かねこ》をとても信頼していました。兼子は三十二歳のとき、夢の中で、夫兼実は藤原氏の祖鎌足の生まれ変わりであると告げられました。彼女は「それはとても恐れ多いことです」と思いつつも、夫は、年来種々の大願を立て、社稷《しゃしょく》の安全、仏法興隆等を祈らる。事の体《てい》、近代の風に似ず、奇しく思ふの処、今彼の後身たるの由を聞く。尤も其の謂れありけりと思ひて覚め了ぬ。（原漢文）

〔夫兼実はずっといろいろな重要な願いを立て、朝廷の安全や仏教が盛んになることを祈っておられました。最近の他の貴族たちとは異なる振る舞いに、これは何だろうと不審に思っておりましたところ、いま、国の安定に努力された鎌足公の生まれ変わりであったと聞き、なるほどそうだったのかと思ったところで目が覚めました。〕

と納得したのです、と兼実の日記『玉葉』寿永二年（一一八三）九月十一日条にあります。寿永二年といえば、兼実はまだ右大臣で、不遇の時代です。その中で兼子は夫の理想を理解し、その活動に協力していたのです。後年、兼子が亡くなると、兼実は気落ちして出家するに至ったほどです。兼子が亡くなったのは建仁《けんにん》元年（一二〇一）、恵信尼が親鸞と出会った年です。

男性の学び開始と親鸞

男性が学問などを学び始めるのは六歳からです。ですから、親鸞も学び始めたはずです。親鸞の日野家は、儒学を学んで文章《もんじょう》博士《はかせ》をめざす博士家ですから、主に儒学を学んだに違いありません。それが将来の『教行信証』の執筆に結びついていくのです。『教行信証』で、濁音で読むことを示す漢字の脇に記してある魚の形をしたような符号（点）は、藤原氏独特の符号だそうです。日野氏の氏寺《うじでら》である法界寺《ほうかいじ》所蔵の史料にも、その記号が記されているそうです（宇都宮啓吾「訓点から見た坂東本『教行信証』の一側面」『親鸞の水脈』第十三号、二〇一三年）。とすると親鸞は藤原氏出身、さらには日々学問にいそしむ博士家である日野家の出身とすることの妥当性が浮かび上がってきます。

女性の禁止事項

他方、貴族の女性がしてはいけないこと、身につけてはいけない能力がありました。それは、次の内容です。

第一は、掃除です。これは身分の低い使用人が行うべき仕事でした。貴族たちは、身分に賭けても行ってはいけなかったのです。

第二は、洗濯です。理由は第一と同じです。

第三は、炊事です。これも同じです。

第四は、育児です。子育ては乳母のすることだったのです。

これらの労働のなかで、前述したように裁縫だけは例外でした。貴族の少女たちは将来の夫の衣装を縫うために、せっせと裁縫を学んだのです。

武士の女性たちはこれらとは異なっていました。彼女たちに求められたのは、むしろ貴族の女性たちがしてはいけなかった労働の能力を身につけることでした。さらには家族や使用人、領地の支配など、家政管理の能力が求められました。

2　恵信尼、九条兼実の娘任子に仕える

女性たちも主家に仕える

中下級貴族は、一家の代表だけが上級貴族に仕えたのではありません。家族を挙げて仕えたのです。そうでなければ中下級貴族同士の競争に勝てません。摂関家の娘たちは全員が天皇のお后候補です。中下級貴族の妻や娘たちは、主家の娘に仕え、美貌と教養とを磨き上げました。主家の娘が首尾よく天皇の後宮に入ることができた暁には、乳母や家司の女性たちは大挙してそれに従いました。彼女らは皇居でそれぞれ部屋を与えられ、女房《にょうぼう》と通称されました。女房とは部屋（房）を与えられた女性、という意味です。それは四十数人にも及びました。

「女房」の条件

女房は関係者なら誰でもいいというわけにはいきません。『栄花物語《えいがものがたり》』によれば、

形《かたち》心《こころ》をば更にもいはず、

〔容貌や気立てはもちろんのこと、〕

物清《ものきよ》らかに、成出《なりいで》よき、

〔どこか清らかな雰囲気で、動作に自然に教養がにじみ出る、〕

という人たちが女房に選ばれたのです。ですから三善為教家の女性たちはもちろんのこと、九条家に仕える中下級貴族の女性たちは、将来の宮中入りに備えて、自分自身をも磨くことに必死だったはずです。

また女房は日常の家事ができませんし、またしてもいけませんから、それぞれお付きの女性たちがいました。それで宮中に入る女性は、全体としては膨大な人数になりました。摂政や関白そしてその家族の女性たちは、自分たちのためだけではなく、経済的安定と名誉を求めてしがみつく無数の中下級貴族の願いも満足させてやらなければならなかったのです。それが宿命でした。

兼実の娘任子、後鳥羽天皇の中宮となる　摂関家の女性は、まず女御《にょうご》として後宮に入り、順調にいけば、続いて中宮《ちゅうぐう》・皇后《こうごう》になる慣例でした。兼実の娘任子も後鳥羽の女御として宮中に入り、中宮となりました。文治五年（一一八九）四月三日、兼実に、後鳥羽天皇のお后として皇居に入るようにと後白河法皇の院宣《いんぜん》が下りました。院宣というのは上皇または法皇の命令です。後白河法皇は、当時、治天《ちてん》の君《きみ》として政治の実権を握っていたのです。治天の君というのは、天皇家の惣領のことです。天皇でも、上皇でもよいのです。

皇族も、貴族や武士同様、惣領を立てて一族の団結と利益の増大を図っていたのです。

『玉葉』同日条に、

余の女子入内の事、聞こし食し了ぬ。（中略）歓喜の思い、千回万回なり。

〔私の娘が後鳥羽天皇のお后になることを、後白河法皇がお聞き入れになりました。うれしさで頭の中がぐるぐる回っています。〕

任子が後鳥羽天皇のお后となることは、兼実一門が長い間待ち望み、また画策もしてきたことです。兼実のみならず、家司たちも含めた九条家一門の万歳万歳の声が聞こえてきそうです。

後鳥羽天皇はまだ幼かったのですが、任子はまもなく内裏に入り女御となりました。それは天皇が十一歳で元服を済ませたところでした。任子は一八歳、まもなく中宮となりました。恵信尼は任子の九歳年下ですから、このとき九歳、四年後の十三歳のころから任子に仕えたのではないでしょうか。九条兼実には、ほかに娘はいません。恵信尼は宮中に房を与えられ、時には女房装束と十二単衣を身につけて儀式に参加し、和歌や琴の会にも加わり、時には任子の話し相手になったものと思われます。

中宮と女房たち　天皇には何人ものお妃がいます。天皇のお后は、皇后・中宮・女御・更衣の四種類がありました。皇后と中宮は一人ずつですが、女御と更衣の人数は不定でした。もともと中宮は皇后の別称だったのですが、平安中期に誰が皇后になるかという争いから、別々の地位にされてしまいました。鎌倉初期になると、むしろ中宮の方が格上のような雰囲気もありました。

天皇の複数のお后は何とも思わなくても、それぞれのお后を取り巻く女房たちの争いも生じました。その中で恵信尼も人間関係のあり方を学んだことでしょう。後年の恵信尼の生活態度から察するに、恵信尼は柔軟で前向きな性格のようです。そして恵信尼は任子より九歳の年下で、任子からかわいがられたものと思います。二人とも信仰上あつく信頼している人は法然ということもあり、二人の心の結びつきはずっと後まで続いたと思います。

三、九条家と恵信尼

任子、皇女を出産　後鳥羽天皇の中宮となった任子は、建久《けんきゅう》六年（一一九五）、二十三歳で後鳥羽天皇の第一子を出産しました。皇女でした。昇子《のぼるこ》内親王です。九条家一門は失望しました。このとき恵信尼は十四歳でした。この事態に、そして任子の気持を思いやって、恵信尼は心を痛めたことと思われます。二か月後、朝廷内で兼実の最大の政敵であった嵯峨源氏の源（土御門《つちみかど》）通親《みちちか》の娘在子《ざいし》が、後鳥羽天皇の第二子を生みました。皇子でした。九条家一門はさらに失意のどん底に沈みました。皇子は為仁《ためひと》親王と名づけられました。

任子と兼実、宮中を追い出される

兼実は一年後の建久七年（一一九六）、関白を解かれ、自宅に蟄居させられることになりました。その直前には任子も宮中から追い出されています。さらにその二年後の建久九年（一一九八）一月、数え四歳になったばかりの為仁親王が即位し、土御門天皇となりました。源通親が朝廷内の実権を掌握しました。九条家は完全に没落しました。その原因は、任子が生んだのが皇女だったことです。任子はうち沈み、出家したいと願いました。任子は二十六歳です。しかし兼実は止めました。

実は後鳥羽上皇は任子と仲がよく、正治《しょうじ》二年（一二〇〇）には通親の意見を振り切って、宜秋門院という門院号を与えます。門院号は名誉なことであり、また経済的特権も与えられます。昇子内親王も優遇し、天皇家所有の大荘園群の一つ、八条院領《はちじょういんりょう》を与えました。後鳥羽上皇は、九条家の力も朝廷にとっては重要と考えていました。兼実はいつか来るであろう九条家復活のときに、任子にまた宮中へ入って後鳥羽上皇の、今度こそ皇子を生んでほしかったのです。

任子、出家する

建仁元年（一二〇一）十月、二十九歳の任子は突然出家しました。

それは母の兼子が亡くなる二か月前のことでした。兼子は数年来病気がちで、特にそのころは重くなっていました。任子は、出家による功徳を母の病気回復に向けたかったのではないでしょうか。出家の際の戒師は法然でした。女性として中宮まで昇りつめた人ならば、戒師は天台宗や真言宗の大僧正といった僧が務めるのが通例です。法然のように無位無官の念仏僧が戒師を務めるなど、まったく異例のことです。それだけ、任子は法然に傾倒していたのでしょう。むろん、父兼実も同様でした。しかし兼子は亡くなりました。亡くなって四十九日の後、兼実も出家します。戒師は同じく法然です。これもほんとうに異例のことでした。

ところで京都東山の法然の吉水草庵で恵信尼が親鸞に出会ったのは、同じ建仁元年のおそらく秋です。「秋」というのは、旧暦では七月から九月です。恵信尼は一家を挙げて法然に親しんでいました。その建仁元年、恵信尼の人生で最初の選択を迫られる事態の、そのきっかけが発生しました。それは親鸞との結婚話です。

四、親鸞との出会いと結婚

1　親鸞の六角堂参籠

親鸞の出身　親鸞は九歳で出家し、二十九歳までの二十年間、比叡山延暦寺で天台宗の修行をしました。親鸞の出身について、かつて親鸞は貴族の出身ではなく、庶民の出身であろうという説がありました。しかしこの説は採用することができません。庶民が何を意味するか問題ではありますが、おそらく農民・商人といったところでしょう。しかし彼らはほとんど字が読めません。読む訓練をする必要がありません。寺院に入っても、学生《がくしょう》と呼ばれる、修行をして勉学に励む身分にはなれません。その身分に入って一から漢字を学ぶなどということはまったくできません。彼らは大衆《だいしゅ》と呼ばれ、炊事・洗濯その他の雑用をして学生を助けるのです。大衆は悟りをめざす学生に縁を結び、将来の極楽往生を願うのです。

将来の『教行信証』に結びつくような学識は、出家前の貴族あるいはそれなりの武士身分の者でなければ不可能です。前述したように、親鸞は貴族、そして『親鸞伝絵（御伝鈔）』にあるような藤原一族の日野氏の出身として間違いないでしょう。

ただし、同書に、

朝廷に仕て（中略）栄花をも発《ひら》くべかりし人。

〔朝廷で政治的にも経済的にも盛んになれた人。〕

とある身分ではありませんでした。博士家である日野家がめざす官職は文章博士ですが、これは従五位下相当でした。

従五位下は、中級貴族の最下層にあたります。中級貴族とは、上から正四位上《しょうしいじょう》、同下、従四位上・同下、正五位上、同下、従五位上、同下という八段階があります。その最下位が文章博士相当の官位ですから、栄耀栄華《えいようえいが》思いのままといった身分ではありません。貴族はほぼ同じ身分の者で結婚しますので、親鸞が種類は違っても同じ博士家である三善家の恵信尼と結婚していることは、この見方を裏付けます。それに「庶民の味方親鸞」が貴族出身であっても、何の問題もありませんし。

比叡山での修行　親鸞が比叡山でどのような修行をしたか、正確なことはまったくわかっていません。江戸時代になってから、その生活を詳しく記す書物などが現れますけれども、史料価値に問題があり、信用できません。「後世にはそのような噂もあった」程度にとどめておくべきです。現在残っている史料を横並びにして、「どれがいいかな」とするようなやり方では歴史学は成立しません。あくまでも「その史料は事実関係の解明に使用できるだろうか」という厳しい史料批判が必要です。
親鸞がたくさんの経典を読み、学んだことは事実でしょう。それ以外の密教の修法や医学なども学んだことと思われます。天台宗ではそのようにして悟りを目ざすのですけれども、親鸞はそれに飽き足らなかったようです。

親鸞、堂僧となる

僧侶にはいくつかの僧位・僧官があり、さらには延暦寺が全国に所有する荘園があります。僧位・僧官を得て荘園の一つでももらうことができれば、二十九歳で比叡山を下りなかったかもしれません。しかし親鸞が得ることができたのは、堂僧《どうそう》という職にすぎませんでした。

恵信尼書状第三通に、

殿《との》のひへのやまにだうそうつとめておはしましけるが、

〔私の夫である親鸞は比叡山延暦寺で堂僧を務めておられたのですが、〕

とあります。

親鸞が二十年間の比叡山暮らしの果てに得た職は堂僧だったのです。「堂僧」とは常行《じょうぎょう》堂《どう》（常行三昧堂《ざんまいどう》）のようなお堂に詰める役目のことです。常行堂では、九十日間、念仏を称えながら堂内の阿弥陀仏のまわりを歩く行が行われました。この行を常行三昧といいます。堂僧は学生が得るもっとも低い立場の職だったようです。親鸞はやっとそのような職で働く立場しか得られなかったのです。
なお、比叡山の僧侶たちを三種類に分け、上から下へ学生・堂僧・大衆と分けている研究者がいますが、これは誤りです。学生と大衆は身分で、堂僧は職です。三つを同じ次元で語ることはできません。身分はあくまでも学生と大衆の二つです。

京都六角堂に参籠

さて比叡山を下りた親鸞は、百日間の予定で京都・六角堂に籠りました。次の世で極楽往生できるように本尊救世観音にお願いするためです。当時、阿弥陀仏の極楽へ往生することを願うなら、当の阿弥陀仏よりお供である観音菩薩にお願いしよう、観音菩薩から阿弥陀仏にそれを伝えてもらおう、という思想が広まっていました（小山聡子『護法童子信仰の研究』自照社出版、二〇〇三年）。六角堂の本尊は悩む修行者を特によく導いてくださるとして知られていました。

観音菩薩のお告げ

前掲恵信尼書状第三通に、続けて、

やまをいで、六かくだうに百日こもらせ給て、ごせの事いのり申させ給ける、九十五日のあか月の御じげんのもんなり。

「九十五日の暁に観音菩薩がお告げをくださいました」とあります。そのお告げは、「行《ぎょう》者宿報《じゃしゅくほう》の偈《げ》」として知られています。

行者宿報設女犯　行者、宿報にてもし女犯《にょぼん》するならば

我成玉女身被犯　我《われ》、玉女《ぎょくにょ》の身になりて犯せられん
一生之間能荘厳　一生の間、能《よ》く荘厳《しょうごん》し
臨終引導生極楽　臨終には引導して極楽に生ぜしめん

第一句　修行者であるそなた親鸞が、前世からの因縁によって女性と結婚することになるならば、
第二句　私観音はすばらしい女性となってそなたの妻となってあげよう。
第三句　そしてそなたの一生の間すばらしい人生を送らせてあげよう。
第四句　そなたがこの世を去るときには手をとって極楽浄土へ導いてあげよう。

この夢告は、僧侶には戒律で禁止されている結婚の可能性と、それによる極楽往生の確実性、相手の女性は観音菩薩であるということが示されたのです。

親鸞は「次の世で極楽に往生したい」という願いで参籠したのに、「結婚こそ極楽への確実な道」という夢告が示されたということは、親鸞はよほど結婚したいと思っていたのではないかということが推測されます。また、もうすでにある女性と関係を持っていたのではないか、という推測まであります。

『覚禅抄』の「王玉女」

親鸞がこの夢告を与えられた十九年前に真言宗の覚禅《かくぜん》が著した『覚禅抄』巻第四十九「如意輪《にょいりん》下」に、この夢告とそっくりな文章があります。女性と

交わりたいが、これはよくないのではないかという人に、如意輪観音が、

如意輪、我れ王玉女《おうぎょくにょ》と成りて、その人の親しき妻妾と為り共に愛を生じ、一期生《いちごしょう》の間荘厳し、福貴を以て無辺の善き事を造らしめ、西方極楽浄土に仏道《さとり》を成さしむ。疑いを生ずること莫れ。

と伝えたという文章です。親鸞はそれを読んでいたのでしょう。そのように考えないと二つがよく似ていることの説明がつきません。

2 吉水草庵での親鸞との出会い

親鸞、法然を訪ねる　六角堂で観音菩薩からお告げをいただいたその暁、親鸞はすぐ六角堂を出ました。そして次の世で極楽往生できる縁に会いたいと探し求めて、吉水草庵の法然を訪ねました。このときのことを、次のように恵信尼書状第三通に記してあります。

やがてそのあか月いでさせ給て、ごせのたすからんずるえんにあいまいらせんと、たづねまいらせて、ほうねん上人にあいまいらせて、

六角堂では臨終のときの極楽往生の可能性が示されましたけれども、ではその臨終までどのように生きたらよいのでしょうか。それは示されませんでした。親鸞はそれを教えて

くれる人を求めたのです。

『親鸞伝絵』にも、次のように記されています。

隠遁のこゝろざしにひかれて、源空聖人の吉水の禅房に尋《たずね》参たまひき。

〔教団を離れて念仏の道を求めたいという気持に惹かれて、法然聖人の吉水草庵に教えを乞いに赴かれました。〕

この吉水訪問が恵信尼と出会うきっかけとなったのです。

親鸞は吉水の法然のもとに、百か日通いました。同じく恵信尼書状第三通に、

又、六かくだうに百日こもらせ給て候けるやうに、また、百か日、ふるにもてるにもいかなるたい風にもまいりてありしに、たゞごせの事は、よき人にもあしきにもおなじやうに、しやうじいづべきみちをば、たゞ一すぢにおほせられ候しをうけ給はりさだめて候しかば、

〔また、六角堂に百日の予定で参籠されたように、また百か日、雨が降っても暑い日差しの下でも、どんな大風が吹いても吉水草庵に通われました。そのとき法然上人から、来世については、善人であっても悪人であっても同じように極楽へ往生できる道はただひとつ念仏のみであると承り、「ああ確かにそのとおりだ」と心に思い定められたのです、〕

とあります。

恵信尼と親鸞との出会い　ここで注目すべきことは、恵信尼は吉水草庵に通う親鸞を見ていたことです。そして法然の説教も一緒に聞いていたことです。すなわち、吉水草庵が恵信尼と親鸞との出会いの場であったのです。それは右の恵信尼書状に示される、文法から判断できます。

この時代、過去のことを述べるときに使われる助動詞に二種類あります。それは、次の二種類です。

Ａ　自分が見たことのない、他人の経験を伝え聞いて述べるときに使う助動詞。それは終止形が「けり」という助動詞です。けり（終止形）・ける（連体形）・けれ（已然形）と活用（変化）します。右の引用史料では、□で囲んだ文字です。

Ｂ　自分の体験を述べるときに使う助動詞。それは終止形が「き」という助動詞です。同じく、き（終止形）・し（連体形）・しか（已然形）と活用します。右の引用史料では、傍線を引いた文字です。

この「けり」と「き」から判断すると、親鸞の比叡山での堂僧のことや六角堂参籠のことは「ける」で、後になってから親鸞に教えてもらったことに違いないのです。それぞれの場面に、恵信尼はいません。いたのは親鸞だけです。

ところが、親鸞が吉水草庵に通い始める段になると、恵信尼は「し」を使っています。これは親鸞のことなのに、恵信尼は自分の体験として語っているのです。すなわち、親鸞が通ってくるのを恵信尼は見ていたのです。さらに、親鸞が法然に教えを受ける段の話も、恵信尼は「し」を使っています。親鸞と一緒に聞いていたに相違ないのです。

また、親鸞が「うけ給はりさだめて候しかば」と、専修念仏を受け入れることを心に思い定めたのも、恵信尼は「しか」を使って自分の体験として語っています。すなわち、「ああ、法然聖人の仰るとおりだ、これからは法然聖人の仰せのとおりに生きていこう」と親鸞が決心した歴史的場面に、恵信尼も居合わせたのです。恵信尼はそのことを一生忘れなかったのです。

男女の位置

ただし現代とは異なりますので、恵信尼が吉水草庵の法然の法座で親鸞と隣り合わせに座ったなどということはありません。なぜなら、恵信尼は貴族の女性なので、男性・女性入り混じったところには座りません。顔をさらすこともありません。これは貴族だけではなく、武士の女性も同様です。彼女たちは外出のときは市女笠《いちめがさ》を被り、その市女笠から周囲に布を垂らして顔を見られないようにします。着物を頭から被ることもあります。屋内でも、見知らぬ男性と同席しなければならないときは隣りの部屋にいたり、境目に御簾《みす》を垂らしたりします。吉水草庵においても、恵信尼はこのような状況だったとはずです。親鸞の噂は、まず、侍女を通して聞いたのでしょう。前掲の恵信尼書状からは、吉水草庵に通う親鸞を何度も見たような雰囲気がうかがえます。恵信尼はしだいに親鸞に惹きつけられていったのでしょう。

信心を重視する親鸞　恵信尼の三善家は、信心の念仏を大切にしていた家であろうことは前述しました。親鸞も信心を重視していたことは、『親鸞伝絵（御伝鈔）』からもうかがわれます。親鸞の吉水草庵時代の記事に、

上人　親鸞　のたまはく、今日は、信不退・行不退の御座を、両方にわかたるべきなり、何れの座につきたまふべしとも、おのおの示しタマへ。

〔親鸞聖人が草庵での会合のときにおっしゃることには、「今日は、極楽往生のためには信心に基づく念仏が大切か、念仏の回数が大切か、それぞれの席を用意しましたのでどちらの席に入るかお示しください」。〕

と、法然の許可を得て発言したとあります。

また同書に、親鸞が、

聖人の御信心と、善信が信心といさゝかもかはるところあるべからず、たゞひとつなりとまうしたりしに、このひとびととがめて云《いはく》、

「法然聖人の御信心と私親鸞の信心とはまったく同じです、ほんとうに一つです」と言

ったところ、この人たち（『親鸞伝絵』に、聖信房《せいしんぼう》・勢観房《せいかんぼう》・念仏房以下多くの人がいた、とあります）は「それはおかしい」として論争があったとあります。それを聞いた法然は、

他力の信心は、善悪の凡夫ともに仏のかたよりたまはる信心なれば、源空が信心も、善信房の信心も、更にかはるべからず、たゞひとつなり。

〔阿弥陀仏への信心は、善人であろうと悪人であろうと私たちに阿弥陀仏の方からくださった信心なのですから、私法然の信心も、親鸞さんの信心もまったく異なっていることはありません。ほんとうに一つです。〕

と説いたとあります。

この二つの挿話、特に前者が事実であったかどうかについては疑念が残らないわけではありません。新参まだ間もない若い親鸞が先輩も大勢いる会合の席で皆を取り仕切ることができただろうか、という疑念です。しかし二つの挿話とも、あり得たことであろうと思います。何せ親鸞は入門後わずか四年目の三十三歳のときに、秘書である『選択本願念仏集』書写を許されているくらい、法然に高く評価されている人物だったのですから。

このような親鸞の噂は、恵信尼を通じて、また外部の人たちを通じて、あるいは法然自身から三善為教に伝わっていたものと考えられます。つまりは三善為教の心の中で、親鸞という若者の人間性は評価できる、という思いが強まっていったのではないでしょうか。

3　恵信尼と親鸞の結婚

僧侶は結婚禁止

さて、やがて親鸞と恵信尼は親しくなっていき、結婚という話になりました。ここで問題があります。それは、僧侶は不婬戒という戒律で結婚が禁止されているということです。不婬戒というのは、異性と交わってはいけないということです。このことは世界中の多くの宗教でも戒律の中にあり、キリスト教でもカトリックでは神父の結婚禁止、プロテスタントは結婚許可です。日本の仏教では、明治以降諸派で結婚が認められましたが、それ以前は浄土真宗のみでした。現在では法律的には認めても、宗派内では独身主義をとっている宗派がいくつもあります。

なぜ結婚してはいけないのかという問題はさておき、事実上異性と交わったり、結婚生活を行っている僧侶はたくさんいました。平安時代末期、比叡山延暦寺の東側の山麓である大津には、夕方になると山を下りて通ってくる僧侶たちの妻の家がたくさんありました。五百軒以上もあったという話もあります。後白河法皇はそれらの風潮を皮肉って次のように言ったと『沙石集』に出ています。

隠すは上人、せぬは仏。

（仏像は異性との交わりはしないけれど、上人たちは異性と交わっているが隠している。」

という話です。

平安時代・鎌倉時代の系図を見ると、始めから僧侶として生きたはずなのに、系図には堂々と息子や娘の名前が載っている人たちが大勢います。でも、まじめに考えれば僧侶の異性との交わりには多少の後ろめたさがあったのでしょう。後白河法皇の皮肉はそのような世相を物語っていると思われます。その中で、三善家で恵信尼と親鸞との結婚の許可を決断したのは誰だったでしょうか。それはやはり父親の三善為教だったと考えられます。

父の三善為教の許可

娘の結婚について、その許可を与える権利は八世紀の奈良時代までは母親が持っていました。恋愛は自由でしたけれど、結婚となるとこれはまた別です。相手の社会的身分や、性格、その他を考慮して娘の幸福を願うのは時代を超えた親の気持です。

ところが、その許可を与える権利は、その後しだいに父親に移りました。世の中の一般的な父親と同じく、娘恵信尼の幸せを祈りつつ、為教がその結婚相手を決めなければなりません。貴族の考え方としては、当然、経済的にも将来の出世も期待できるよい婿を選ばなければならないところでしょう。親鸞は世俗的な出世の見込みはありません。比叡山延暦寺での僧侶としての籍を捨ててはいませんが、二十九歳で堂僧では将来の出世は見込めません。むろん、僧侶は正式には結婚できません。しかし実際には多くの僧侶が結婚して夫婦生活を送っています。

ただ、貴族としての俗世間の生活は厳しいです。主家の九条家も任子が後鳥羽天皇の中宮になれたものの、数年来の源通親一派との争いに敗れ、不遇の暮らしを余儀なくされています。恵信尼がそして為教が親鸞を知ったのは、まさにその時期でした。娘の幸せを思う為教は、相手は必ずしも俗人でなくてもいいのではないかと考えるに至ったと思います。親鸞は博士家出身のまじめな勉強家で、同じく博士家の三善家と釣り合っています。貴族たちは同程度の身分で結婚するのが普通でした。また念仏の信心を重んじることも、為教に感動と安心感を与えたものと思われます。ひいては、主家の九条兼実が尊重している法然に親鸞が高く評価されていることも、結婚を認めてやっていいかという気持の後押しをしたのではないでしょうか。結局、為教は世俗の争いから離れたところでの娘の幸せを願って親鸞との結婚を認めたと思われます。

恵信尼の決断

そして最終的には父が承認したのではあっても、この結婚は恵信尼の強い決断のもとになされたと思います。親鸞と結婚する以上、世俗的な名誉や豊かさは望めないからです。しかし信心の念仏という心の豊かさで親鸞とともに生きようという、恵信尼の人生第一の選択であったと思われます。

結婚――三日の餅――

現在ならば、独身の男女二人が役所へ行って婚姻届を提出し、二人で新しい戸籍を作ったら、それで結婚成立です。結婚式や披露宴は、社会へのお披露目が主な目的ですが、いわば私的な行事です。どうしても必要というものではありません。鎌倉時代には戸籍はありません。ただ結婚を内外に認めてもらうためには、あるしきたりがありました。それは「三日《みか》の餅《もちい》」です。

平安時代・鎌倉時代は、夫の通い婚が基本です。夕方になると夫が妻の家にやってきて、朝になると帰って行く。夫は、仕事が農業ならば昼間は実家の農地で働きます。役所に勤めているのなら、実家から役所へ通います。そして夕方になると妻の家へ行き、食事をもらい、着物ももらい、寝かせてもらうのです。子どもが生まれれば妻とその家族が育てます。夫は毎日通わなければいけないというものではないし、他の女性のもとに出かけることもあります。逆に、女性のもとに複数の男性が通ってくるということもあったようです。『今昔物語集』などにはその話があります。

さあ結婚、ということになると男性は三晩続けて女性のもとに通います。三日目の夜になると、女性の家族みんなと男性が食事をします。そのとき、お餅を食べることになります。これを「三日の餅」といいました。これで正式に夫婦となり、それが公認されたことになるのです。親鸞と恵信尼もそのようにして結婚したのだろうと思われます。男性の家族は参加していません。

妻の住所は変わらず――通い婚――

結婚してからも、夫は自分の家から通います。むろん例外はありますし、夫の父親が若夫婦の家を建ててあげる、準備するということもありました。やがて何年か経つと、何らかの形で同居していったようです。ずっと通い続けるのも大変ですし。子どもが生まれないと同居はありませんでした。夫の父親と息子夫婦が同居することもなかったのです。そしてまた、祖父・父・息子という男三世代同居などはまったくありませんでした。そのころの人たちは、現代とはずいぶん異なる慣行で毎日を暮らし、一生を過ごしていたことになります。

妻の姓は変わらず

また結婚しても、妻の姓が変わることはありません。夫の家族と同居しない、今日風にいえば名字は変わらないということですから、女性の立場は強かったのです。少なくとも、生まれ育った家から一人引き離され、夫の家族と同居して姓も変わり、「自分はいったい何なんだろう」という不安感に陥る社会ではありませんでした。

親鸞は東山草庵から恵信尼の家に帰り、また恵信尼の家から草庵に通うということは多かったと思われます。親鸞は立派な自宅を持っていたことはないでしょう。

結婚は恵信尼二十二歳ころか

親鸞と恵信尼はいったい何歳ころに結婚したのでしょうか。それは親鸞三十一歳前後、恵信尼二十二歳前後ではなかったでしょうか。知り合ったのは親鸞二十九歳、恵信尼二十歳ということですが、すぐ仲よくなり、為教もすぐ許可して結婚に至ったとは思われません。法然に高く評価され、為教に信頼されるまでには、それなりの時間が必要であったと思われます。二年前後経ってからのことでしょうか。それは恵信尼二十二歳ころです。

4　親鸞と他の女性

一夫一婦制ではない

恵信尼との結婚以前に、親鸞に女性がいてもおかしくはありません。「親鸞の妻は一人であった」と決めつける必要はありません。いわゆる一夫一婦制が正しいのだというのは、明治時代以降、キリスト教の考え方が広まってからです。仏教では、妻は一人であるべきだとは教えていません。

この問題は親鸞の息子善鸞の母は誰であったかということにつながります。恵信尼と親鸞との間の子が五人いたことは確実でしょう。それらの子の名が恵信尼書状の中に出てくるか、あるいは系図などによって恵信尼が住んだ場所付近にいたであろうと推測されるからです。

善鸞の母は誰か

しかし恵信尼には善鸞との接点がありません。親鸞の建長《けんちょう》八年五月二十九日付の書状に、善鸞が恵信尼のことを「ままはは（継母）」と呼び、悪口を言っているとあります。つまり善鸞にとって、恵信尼は実の母ではなかったのです。この書状は「善鸞は義絶された」と主張するための偽文書であると私は考えています。

偽書《ぎしょ》・偽文書《ぎもんじょ》についての中世人の感覚は、現代人とはかなり異なっていました（佐藤弘夫『偽書の精神史』講談社、二〇〇二年）。また、これらはなんでもかんでも嘘が書いてあるということではありません。主張したいこと以外は、ほんとうのことが書いてあるのが普通です。そうでなければ読んだ人が信用しません。その観点から、善鸞が恵信尼の子どもでなかったのはほんとうだろうと思うのです。

では善鸞の母は誰でしょうか。善鸞は若いころ天台宗の寺に入って修行しました。そのとき、公名《きみな》を大蔵卿《おおくらきょうのきみ》公としました。公名というのは、寺院内での正式の通称です。この公名は、近い親族の官職から付けることが多かったのです。ですから、善鸞の母は、近い親族に大蔵卿だった人がいた貴族であるという推測ができます。大蔵卿は大蔵省の長官で、正四位下相当の官職です。中級の貴族が任命される職です。

善鸞の母親関係の大蔵卿が誰であったのか、まだわかっていません。ただ、親鸞が恵信尼と結婚する前に親しかった女性が善鸞の母であった、善鸞が誕生したのは親鸞が三十歳のころだったのではないか、と推測されます。なにせ親鸞は六角堂の観音菩薩から、異性との交渉をむしろ勧められたのですから。

第二章　越後に下った恵信尼

一、親鸞の越後下向に同行する

1　法然の集団への弾圧――建永（承元）の法難

幸せな夫婦生活　恵信尼にとっても、また親鸞にとっても、お互い知り合ってからの数年間はとても幸せな時期であったと思われます。恵信尼は、親鸞が世俗的な意味での出世は望めなくても、精神的に尊敬できる人物だったでしょう。親鸞にとっても、同じことだったでしょう。また正直なところ、妻の父のおかげで無事に生活を続けられたでしょうし。

さらにまた、親鸞にとっては二十年間の比叡山での苦しい生活ののちに、一生の師となった法然にめぐりあった喜びそのままに、吉水草庵で学びの生活を続けられたのですから。

その充実した気持は、恵信尼との夫婦生活にも直接反映していったであろうと思われます。それは親鸞が法然から『選択本願念仏集』の閲覧と書写を許されたことで頂点に達したのではないでしょうか。恵信尼にしてみれば、親鸞を夫としたことは間違ってはいなかったという思いだったでしょう。

親鸞は歌が上手だったか　他方、親鸞は京都の街に出ての念仏布教にも熱心であったと推定されます。それが後に承元《じょうげん》の法難《ほうなん》で処断される原因になったのではないでしょうか。親鸞は歌が上手で、作詞も上手だったのではないかと推定されます。それは七十代半ば以降ですが、和讃《わさん》をたくさん作っていることから想像されます。歌が上手でなくても作詞はできるとはいうものの、上手だったら人の心をくすぐるような作詞作曲ができたのではないかと思うのです。

『梁塵秘抄』の今様　親鸞の和讃は七字・五字・七字・五字の七五調です。七五調の詩は人の心を鼓舞する、気持を湧き立たせるといいます。たとえば後白河法皇が今様《いまよう》を編纂した『梁塵秘抄《りょうじんひしょう》』に、

　仏は常に　いませども
　　現《うつつ》ならぬぞ　あはれなる
　人の音せぬ　暁に

ほのかに夢に　見え給ふ

〔仏様はいつも、私たちの周囲にいらっしゃるのですけれども、はっきりと見えないところが、ありがたいのです。人間が寝静まっていて声音もしない暁時に、うっすらと夢の中で姿を現してくださるのです〕

などとあります。今様とは、当時の流行歌のことです。右のように現代語訳してしまうと躍動感がなくなってしまいますが、人々は七五調の今様を歌って気持を明るくし、確かに仏様はおられるんだ、と学びもしたのです。

親鸞の七五調の和讃　親鸞がたくさん作った和讃は、全部といっていいくらい七五調で成り立っています。たとえば八十五歳のときに作った『正像末和讃』の中の「正像末浄土和讃」の最後、第五十八首目です。

如来大悲の　恩徳は
身を粉にしても　報ずべし
師主知識の　恩徳も
ほねをくだきても　謝すべし

〔阿弥陀如来が与えてくださった御恩は、私たちの身が粉になるような努力をしなければならないことがあっても、お返しをしましょう。私たちを導いてくださる師匠や友人の御恩も、骨が砕けるような努力をしなければならないことがあっても、お返しをしましょう」

この和讃は、曲付きで「恩徳讃」として歌われており、浄土真宗門徒の間でよく知られています。浄土真宗門徒は、この和讃によって、七百数十年にわたって心を鼓舞されて感謝を形にして表す報謝に努めてきたのです。

法然の専修念仏　吉水草庵による専修念仏の人たちは、しだいに数が増えてきました。また親鸞に代表されるような優れた若手の入門も多くなってきました。ということは、専修念仏の布教に行動力のある人たちが増したということです。

法然は、もともと比叡山ですべての人々を救うにはどうしたらよいか、日夜経典類を読み、また工夫を重ねていました。そして承安《じょうあん》五年（一一七五）、四十三歳のときに専修念仏の道に入りました。それは中国唐代の善導《ぜんどう》の著書である『観無量寿経疏《かんむりょうじゅきょうしょ》』に、

一心に専《もは》ら弥陀の名号を念じて、行住坐臥《ぎょうじゅうざが》に、時節の久近《くごん》を問はず、念々に捨てざる、これを正定《しょうじょう》の業《ごう》と名づく、かの仏の願に順ずるが故に、（原漢文）

（ひたすら阿弥陀仏の名前を称えて、歩いているときも立ち止まっているときも、座っているときも横になっているときも、一瞬一瞬も止めずに続ける、これを「正しく極楽往生が決定する行い」と名づけます。それは阿弥陀仏のすべての

人々を救おうという願いに添っているからです」

という文に出会って感動したからです。親鸞三歳のときです。

しかし『観無量寿経疏』をよく読むと、善導は「称名念仏のみが阿弥陀仏の願いにかなう」とは言っていません。称名念仏はそれ以前からの観想念仏《かんそうねんぶつ》（阿弥陀仏とその世界を心に思い浮かべる）と同じくらい価値があると言っているだけです。しかし、そのように称名念仏を評価することこそ、画期的だったのです。なにせ勝行《しょうぎょう》（すばらしい行）である観想念仏に比べて、称名念仏はたいした価値のない劣行とみられていたのですから。法然は、そこに善導の気持を汲み取って「教養がなくても、おカネがなくても、すべての人々が救われる道はこれだ。誰でもできる称名念仏だ」と感動しました。『選択本願念仏集』によりますと、

たちどころに余行を捨てここに念仏に帰し、（原漢文）

〔すぐさま他の修行方法を捨てて称名念仏のみの道に入りました、〕

とあります。そして、善導は何百年も昔の中国唐代の人なので会えないのですが、

偏《ひとへ》に善導に依る、

〔善導だけを尊重します、〕

と善導を慕い続けたといいます。親鸞はその姿勢を学んだのです。

東山の吉水草庵

法然は比叡山を下りて西山《にしやま》の広谷《ひろだに》に行きました。ここには善導流の念仏を追求する遊蓮房円照《ゆうれんぼうえんしょう》という人物がいたからです。円照というのは、後の法然の高弟の一人聖覚《せいかく》の伯父にあたります。続いて法然は東山大谷の吉水に草庵を構えて念仏に生きる生活に入りました。

法然の名が有名になったのは、文治二年（一一八六）、天台座主《てんだいざす》の顕真《けんしん》が法然を大原に招いて念仏の話を聞いてからです。これを大原問答（大原談義）と言っています。このとき法然は、「釈迦が亡くなって間もなくの正法の時代や、それに続く像法の時代ならいろいろな修行方法で悟りを開くことは可能でした。それだけ、優れた人間が多かったからです。しかし今の末法の時代には、どこにも修行して悟りを得られる人間はいません。この時代には阿弥陀仏におすがりするしかなく、そのために念仏を称えるのです」と説きました。顕真はこの考えに賛成したといいます。

法然と九条兼実の出会い

こののち多くの人が吉水草庵を訪ねるようになりました。法然と九条兼実との交流が始まったのは文治五年（一一八九）からです。恵信尼八歳です。前述したように、この交流には三善為教が仲介役として働いたのではないか、と私は推測しています。

延暦寺の危機感

専修念仏の勢力がしだいに大きくなると、延暦寺では危機感を抱くようになりました。延暦寺に限らず、既成仏教側では人生をこの世とあの世と分けたうえで教学を構成しています。いわゆる二元論です。しかし専修念仏ではこの世とあの世とを通しての阿弥陀仏の救いを説きます。一元論です。既成仏教でも阿弥陀仏は存在し、念仏はあるのですが、考え方が根本的に異なります。専修念仏の勢力が小さいときは問題にもしていなかったのでしょうが、大きくなってくると何とか処分しなければと思うようになります。

社会問題化

それに、京都の街々に出て教えを説く、特に威勢のよい人たちは、専修念仏のよさを強調するあまり既成仏教の悪口を言いふらすようになりました。そのため、天台宗や真言宗その他の教団から憎まれるようになりました。また念仏さえ称えれば救われるということで、戒律を無視したり、風紀上問題だと社会一般の人たちに思われるような行動を取る者も現れたようです。念仏の会は、夜に行われることが多かったようで（昼間は皆、働いています）、そのときに声のきれいな若手の僧がもてはやされ、これまた風紀問題に発展することもあったようです。

信仰の新しい勢力が盛り上がってくるとき、だいたいは教学より、社会秩序を乱す、風紀を乱すとして叩かれることが多いのです。これは世界史的に共通しています。教義論争では、結局のところ解決にならないのです。それぞれ、信じているのですから、理屈で動かされるわけではないのです。

法然の「七箇条制誡」　元久《げんきゅう》元年（一二〇四）、延暦寺の僧侶たちが念仏停止を座主真性《しんしょう》に訴えました。法然はまだ天台宗の正式の僧侶だったからです。法然は争いを好まない性格でしたので、「七箇条制誡《しちかじょうせいかい》」を作って門弟たちに署名させて自重をうながしました。その第一条には、

いまだ一句の文を窺《うかが》はずして、真言・止観《しかん》を破り奉り、余の仏・菩薩を謗《ぼう》ずるを停止すべき事。

〔経典などまったく勉強していないのに、真言宗や天台宗は役に立たないと罵り、阿弥陀仏以外の仏・菩薩の悪口を言うことは止めなさい。〕

とあります。

第四条には、

念仏門において、戒行なしと号して、専ら婬・酒・食肉を勧め、たまたま律儀《りつぎ》を守る者を雑行人《ぞうぎょうにん》と名づけて、弥陀を憑《たの》む者、造悪《ぞうあく》を恐るることなかれと説くを停止《ちょうじ》すべき事。

〔専修念仏の仲間で、戒律は守る必要はないとして、女性との交わりや、酒を飲むこと、また肉を食べることもどんどん奨励し、時に戒律を守っている人がいる

と、正しい修行者ではないとし、「阿弥陀仏に救いをお願いしている者は、悪事を行うことを恐れなくてよい」と説くことを止めなさい。」

としています。極端な例でしょうが、街々で専修念仏の布教に当たる念仏僧たちの高揚感が思われます。しかし非難の声はしだいに高まったのです。

門弟の署名は十一月七日から始まり、九日まで続きました。親鸞は八日に「僧綽空《そうしゃくくう》」として署名しています。全体で百八十九人のところ、第八十六番目です。ただ一日で門弟全員に集まってもらうわけにはいかなかったので三日かけたのでしょうし、この順番で親鸞の門弟としての位置としては中間くらい、などという判断はできません。第一日目には七十九人が署名しています。

興福寺の反発

延暦寺側はこれで収まった気配ですが、翌年の元久二年（一二〇五）九月、今度は奈良の興福寺が「興福寺奏状《こうふくじそうじょう》」を後鳥羽上皇に提出して専修念仏の禁止を訴え出ました。朝廷もなかなか決着がつけられませんでした。その理由は、貴族たちは念仏そのものは誰も否定できなかったからです。彼らは、専修であろうがなかろうが、念仏を否定したら地獄へ堕ちるという恐怖から逃れることはできません。そのころの貴族は、信仰はさまざまでも、極楽へ往生したい気持は同じだったのです。まして法然自身は戒律厳守として評判がよかったのです。

ただ興福寺は藤原氏の氏寺ですし、その意向は無視できません。興福寺は、すぐ近くにある藤原氏の氏神《うじがみ》春日大社と組んで、僧兵の大軍を皇居近くに送り込んで政治的要求を通そうとするのが通例でしたから。

後鳥羽上皇、怒る

ところが建永《けんえい》元年（一二〇六）、後鳥羽上皇が熊野参詣に出かけている間に、女官二人が夜の専修念仏の会に出かけ、法然の門弟住《じゅう》蓮《れん》と安楽《あんらく》の教えに感動して出家するできごとが起こりました。女官は上皇の愛人でした。愛人たちに勝手に出家されて怒った上皇は、住蓮と安楽を死罪にしてしまいました。女官二人の名前は松虫《まつむし》と鈴虫《すずむし》だったといわれていますが、これは江戸時代になってから現れた名前で、できすぎの感があり、あまり信用できません。

後鳥羽上皇は怒りのあまり、住蓮と安楽が所属する専修念仏の法然一派をも思い切って処断する決意をし、法然以下あわせて八人を流罪、住蓮・安楽を含め四人を死罪としてしまいました。翌年の建永二年（一二〇七）です。これで連年の課題に決着をつけようとしたのです。

『歎異抄』の末尾に、

興福寺僧侶敵奏之上、御弟子中、狼藉《ろうぜき》子細《しさい》あるよし、無実風聞《むじつのふうぶん》によりて罪科に処せらる。

〔興福寺の僧侶たちが敵意に満ちた訴えを後鳥羽上皇に提出した上、乱暴で失礼なことをしたという無実の噂《うわさ》で死罪・流罪という処分をされてしまいました。〕

とあります。きちっとした裁判をしなかった、無実だったと怒っているのです。親鸞の『教行信証』にも、

主上・臣下《しんげ》法に背き義に違し、忿《いか》りを成し怨みを結ぶ。

〔後鳥羽上皇やその家来たちが、法律に則らず、誤った考えに捉われ、怒りに任せて専修念仏者たちを恨みました。〕

とあります。こちらも、法律に則った正しい判断をすべきなのに、それを上皇以下はしなかったと非難しています（上横手雅敬「建永の法難について」同氏編『鎌倉時代の権力と制度』思文閣出版、二〇〇八年）。

師匠法然は還俗させられて土佐国に、親鸞も同じく還俗させられて俗名藤井善信《ふじいのよしざね》となり、越後国に流されることになりました。なぜ還俗させられたかというと、正式の手続きに則って出家した僧侶は国の宝で、刑罰に処することができないからです。それで俗人に戻して処罰したのです。

2　恵信尼、親鸞の越後流罪に同行

罪人の妻

　恵信尼は、越後に流される親鸞に同行して越後に赴きました。従来は、流罪の罪人に妻が同行することはあり得ないだろうと思われていました。しかし朝廷の規則の獄令《ごくりょう》（罪人に関する基本法）第十一条に、

　凡そ流人科断《かだん》すること已に定まらむ、（中略）皆妻妾《さいしょう》を棄放《きほう》して配所に至ることを得じ。

〔一般に、流人の刑が決まったら、全員が妻妾を棄てて流刑先に行くことはできない。〕

とあります。逆に連れて行くようにとされていました（平松令三『親鸞』吉川弘文館、一九九八年）。

　妻が複数いた場合、正妻に当たる女性を「妻」、それ以外を「妾」といいました。「妾」は後世の「めかけ」とは異なります。複数の妻のうち、だいたい出身の家の身分・格が一番高い者が「妻」となりました。

　流罪が決まった段階の親鸞の妻は恵信尼だけだったようですから、親鸞は恵信尼を連れて行かなければいけなかったのです。

恵信尼の決心

　ただ恵信尼の立場に立ってみると、結婚して四年前後、親鸞に愛想が

つきていたら、また越後へ行きたくなかったら、「もう離婚しました」と言えば越後に行かなくてよかったはずです。摂関家に仕える貴族の娘ですから、そのように言うことはわけなかったはずです。なにせ戸籍はない時代です。しかし恵信尼はそのように言いませんでした。少なくとも、家族それから召使いとともに暮らせる京都の生活を棄てて、親鸞と一緒に越後へ赴く決心を固めたのです。それだけ親鸞との心の結びつきが強かったというべきでしょう。恵信尼の人生第二の選択です。

ただ、いくら恵信尼でも、越後での生活の見通しが立たなければ行く決断はできなかったと思います。少なくとも家族は止めたでしょうし、親鸞も同行させるのをためらったでしょう。恵信尼が越後へ赴くについて、安心できる状況が周囲の人々によって作られつつあったのです。

二、越後での生活

1　越後での日常生活は楽だった

日野宗業の越後権介就任

従来、後鳥羽上皇は親鸞を理不尽にひどい目に遭わせた、親鸞は越後で慣れない田圃などの農作業で大変だった、とされてきました。しかしそうではなかったのです。親鸞と恵信尼が越後に下る一か月ほど前の一月十三日、親鸞の伯父の一人である日野宗業が臨時の除目で越後権介に任命されています。すでに実際の仕事をする越後介がいますし、権介の宗業は任地に赴任する必要はありません。しかし国司には違いありませんから、越後ではとても強い権威を持つことになります。

時期外れの任命　それに朝廷の官職は現代でいうところの適材適所ではなく、希望する者の中から人事権を握る者が選んでいたのです。また朝廷の人事は、年に二回、半年ごとに「除目」という行事で新採用者が発表されました。ですから、それぞれの役職の希望者は主人筋の人に頼んだり賄賂を使ったりして、その日が近づくとドキドキして待っていたのです。中下級貴族ならば、家司として働く摂関家などの上級貴族の家に、以前にもましてせっせと通うわけです。このようなことは、和歌では有名ながら中下級貴族であった藤原定家の日記『明月記《めいげつき》』に詳しく書いてあります。彼は頼らざるを得ない人たちにはおべっかを使いながら、日記にはその人の悪口を書いています。

宗業の場合、臨時の除目で越後権介に任命されています。越後国については、当然、すでに越後守《えちごのかみ》もおりますし越後介もいます。朝廷側に越後介をもう一人、臨時に任命しなければならない何の必要もありません。とすれば、明らかに宗業側の必要によって人事権を握る人にお願いした結果でしょう。ではなぜそれが「越後」権介だったのでしょう。

九条兼実の好意

日野宗業は九条兼実にとても気に入られていました。むしろ、尊敬されていたといってもいいくらいです。九条兼実が平氏政権下で不遇ながら二十年間も右大臣でいられたのは、兼実の持つ朝廷運営に関する学識の深さでした。彼はよく勉強していました。その兼実が、宗業のことを次のように絶賛しています。『玉葉』治承五年九月十八日条に、

> 宗業は名誉の聞こえ有り。（中略）微臣《びしん》においては、いまだ見ざるの士なり。
>
> 〔宗業はとても優れているという評判です。（中略）私は今までこんなに優れた人物を見たことがありません。〕

とあり、また同書同年十一月十二日条に、

> 宗業は才学文章あい兼ね、名誉は天下を被《おほ》ふ。
>
> 〔宗業は学問の知識は深いし文章は上手だし、とても優れた人物であるということが国中に知られています。〕

と激賞しています。宗業の兄の範綱《のりつな》は後白河法皇の近臣として体を張って活動し、平家のために拷問を受け、播磨国に流されたりしています。兼実は弟の宗業に目をつけ、自分の戦力として引き込んだのです。したがって宗業は兼実の家司として朝廷での発展が約束さ

れ、ついには従三位に昇り、上級貴族の仲間入りを果たすに至ります。

越後国は九条家の支配下にあった　そして越後国は九条家の知行国でした。正治元年（一一九九）六月には兼実の息子良経《よしつね》が知行国主となっています。つまり親鸞の流罪が朝廷の中でほぼ決まり、それではどこに流すかという段になり、宗業は親鸞を守るために先手を打って九条家が知行国主として国司任免権を握っている国の国司に任命してくれるよう、時期外れながら兼実に頼み、それが叶ったということなのです。

流人の監視と保護　流人が流罪先で逃げてしまっては朝廷としても困ります。また流罪は、流罪先で野垂れ死にさせるのが目的ではありません。死んでもらっては困るのです。もともと貴族たちは智謀のかぎりを尽くして争っても、汚い手を使っても、勝った方が負けた方を死刑にして殺すことはしませんでした。平安時代の最末期の保元の乱まで三百数十年、死刑は一度もありません。この時代の最末期に武士の慣行が入ってきて、保元の乱以来、死刑が行われるようになりました。しかしそれでも、それは戦争のときだけといってもよいのです。朝廷では極力避けています。

それに朝廷の規則にはありませんが、流罪で流した貴族は数年以内に赦免《しゃめん》して京都に戻らせる慣行だったようです。貴族たちはそのようにして貴族全体の利益を守っていました。

そこで流罪先を決める場合、可能ならば流人の監視役《かんしやく》と保護役《ほごやく》がいる国が選ばれました。

監視役と保護役は同一人の方がよいのです。平治の乱で源頼朝が伊豆国に流されたのは、尾張国で頼朝を捕まえた平頼盛《たいらのよりもり》（清盛の弟）の家来の娘が北条時政の後妻に嫁いでいたので、時政を監視役・保護役にし、その住んでいる伊豆国に流したといいます。法然が土佐国に流された背景は不明ですが、法然を守りたい九条兼実は、法然を讃岐国の九条家領荘園に留めて世話をすることで後鳥羽上皇の了承を得た気配です。つまり、宗業は親鸞の監視役・保護役を買って出て、それに兼実も便宜を図ってくれたということなのです。

後鳥羽上皇は悪役か

後鳥羽上皇は浄土真宗の歴史では完全な悪役でした。しかし少し見直してもよいだろうと思います。前にも述べましたが、諸国の知行国主を決定するのは、最終的には治天の君である天皇または上皇でした。このころは後鳥羽上皇はその権限を握っていました。また越後国は上皇の影響力の強い国の一つでした。

宗業は後鳥羽上皇のお気に入り

それに上皇は宗業がことのほかお気に入りでした。

親鸞が関東へ移住する二年前の建暦《けんりゃく》二年（一二一二）には皇居の清涼殿《せいりょうでん》へ入ることが許されました。これを許された人は殿上人といい、三位《さんみ》以上の上級貴族の特権でした。なまじの中下級貴族には許されることではありません。宗業は准・上級貴族となったのです。

親鸞が関東へ移住した年である建保《けんぽう》二年（一二一四）の建保という年号は、宗業が考え出して上皇に上申し、採用されたものだったのです。上申するのは複数の高名な学者たちです。それは現代と同じことです。当然ながらその学者たちは、治天の君である後鳥羽上皇が嫌っている人が選ばれるはずはありません。その中でも、建保という年号を採用してもらった宗業は特に気に入られていたというべきでしょう。宗業は後鳥羽上皇の大のお気に入りだったのです。

その後鳥羽上皇が嫌うことを、下からやっとの思いで這い上がってきた宗業が行うはずはありません。それは甥親鸞の越後での生活を援助することです。流罪のいきさつはともかく、たぶん大丈夫だろうと判断して、「援助させてください。お願いします」という宗業の願いに、上皇は「わかった、援助してやれ」ということになったに違いないのです。しかも上皇が関わりのある越後においてです。親鸞を監視するというより、上皇の「仕方がないなあ」という好意を感じます。

三善為教、越後国に領地をもつ

以上のような動きを三善為教は喜んでいたでしょう。娘恵信尼の夫である親鸞を何とか助けたいと思っていたでしょうから。三善家は為長—為康—為教と、養子関係ながら三代にわたって越後介を務めてきました。それぞれの代で一回ずつですし、また年月の長い空白があるのですが、しかし越後国の複数の荘園に何らかの権益を得ていたであろうと推測されます。後年、恵信尼一家が越後国の荘園領主として土着していますので、それは確実です。

荘園には、上から本家・領家・地頭・名主など、複数の領土が存在しているのが普通です。本家や領家は京都や奈良の貴族や寺院・神社が多く、荘園からの収穫（これを上分《じょうぶん》といいます）を得ることだけが権利で、土地（これを下地《したじ》といいます）とそこで働く農民を管理する権限はないことが多いのです。しかし後年の恵信尼は、下地管理権も持っている様子です。三善家は、三代が越後介であった間に、かなりの権益を越後で獲得していたと推測されます。恵信尼は親鸞の流刑地に一緒に行くと言っているし、それなら越後に流されてくれれば為教としても少しは安心、というところだったのではないでしょうか。

憶測をたくましくすれば、九条兼実と親しい為教が、同じく兼実と親しい宗業に働きかけて画策した結果、宗業の越後権介就任が実現したのではないでしょうか。

2　越後の家庭生活

ゆったりした日常生活　越後に下った親鸞と恵信尼は、新しい環境の中で生活を始めました（『上越市史』通史編2中世、二〇〇四年）。それは越後の国府においてであったはずです。そして前述した状況から推測すると、身分と経済生活・家庭生活は保証されていたというべきです。一般的には、流人は一日に幾らの割合で籾と塩を支給され、籾はその一部を田圃に植え付けて育てる。収穫期以降は、まったくの自活の生活に入る。塩は多めに支給されるので、食用に使う分の残りを売って生活費に充てる。親鸞は慣れない農作業でほんとうに大変だった、苦労をしたのだ、と思われてきました。

しかし親鸞は、あるいは恵信尼もそのような厳しい労働をする必要はなかったのです。貴族として、京都においてほどではありませんが、ゆったりとした生活をすることができたのです。恵信尼には三善家から侍女が付けられたはずです。なにせ恵信尼は実生活の掃除・洗濯・炊事ができるようには教育されていませんから。

身分の高い人たちの流人生活

そんなはずはない、親鸞は流人だからいくら現職の国司の甥といっても、規則どおりの扱いは受けたはずだろうという意見もあると思います。しかし、同じ時期の流人の法然が四国で苦しい労働の毎日だったという史料や伝承はあるでしょうか。それどころか九条兼実が自分の領地に引き取って楽な生活をしてもらっています。同じときに流人になった他の六人についてはどうでしょうか。もちろん苦しい労働の伝えはまったくありません。後の西山派の派祖となった証空《しょうくう》など、兼実の弟慈円が引き取って流刑地に行くことを免れさせています。

二十年後の嘉禄《かろく》の法難で奥州に流された隆寛《りゅうかん》は、相模国厚木《あつぎ》で護送役の毛利《もうり》季光《すえみつ》の屋敷に手厚く引き取られ、穏やかな生活に入っています。農地で働いたなどの伝えはもちろんありません。伊豆国に流された源頼朝が田圃で泥にまみれたという伝えはあるでしょうか。平清盛の弟教盛《のりもり》が備前国に流され、親鸞の伯父範綱が播磨国に流されたときにも、田畑で働いたという伝えはありません。親鸞についても、田畑で働いた、働かざるを得なかったという史料はまったくありません。宗祖親鸞聖人は越後国に流されて大変だったに違いない、という心配の心がそのような話を生んだのです。そろそろ、親鸞は越後で慣れない農作業をしなければならなくて大変だった、苦しかったという見方は改めるべきでしょう。

侍女と暮らす恵信尼

恵信尼については、侍女や日常生活を助ける使用人がいたことは間違いないと思います。国府の役人たちが地元の人を付けてくれたものでしょう。ただし京都と同じ生活の水準を維持しようということではなくて、七年間の越後生活においてしだいに育児を含む家事一般の技術を身につけていったのであろうと思われます。恵信尼は、僧侶親鸞との結婚、越後への下向、それから関東への移住など、人生の前に立ち現れる状況に順応していこうという意欲のある女性であったように思えるのです。このような越後の生活の中で、娘の小黒女房と息子の信蓮房が誕生しました。

信蓮房の誕生

信蓮房については、その誕生が承元五年（一二一一）三月三日であると正確にわかっています。それは恵信尼書状第五通に、

しんれんばうはひつじのとし三月三日のひるむまれて候しかば、ことしは五十三やら

んとぞおぼえ候

こうちやう三ねん二月十日　　　　恵信

〔信蓮房は未の年（承元五年未年、一二一一年）三月三日の昼に生まれましたから、今年は五十三歳だったと思います。弘長《こうちょう》三年（一二六三）年二月十日　　恵信〕

とあるからです。恵信尼の越後生活四年目の誕生です。恵信尼三十歳です。

小黒女房の誕生

小黒女房の誕生年や、信蓮房の姉または妹であるかを明記した資料はありません。しかし日野家系図や本願寺系図などの中世の系図、あるいは近世に入ってからの系図でも、小黒女房は必ず信蓮房の右側にその名が記されています。これは年上の兄弟または姉妹であるというのが系図作成上の慣行です。したがって、小黒女房は信蓮房の姉であると判断できるのです。では小黒女房は恵信尼何歳のときの誕生でしょうか。他の子どもたちで誕生年がわかっているのは覚信尼のみです。

- 小黒女房
- 信蓮房（恵信尼三十歳のときの誕生）
- 有房
- 高野禅尼
- 覚信尼（恵信尼四十三歳のときの誕生）

信蓮房から覚信尼まで、ほぼ四年に一人誕生している計算になります。すると小黒女房は恵信尼二十六歳、越後へ住み始めた年の誕生ということになります。小黒女房が流罪以前に京都で生まれた気配はないので、恵信尼が越後へ行って間もなく、あるいは信蓮房の誕生に近い年であろうかという推測もできます。いつまでも人任せにはできないと、恵信尼は育児のすべも覚えていったものと思われます。

親鸞理想の母親像　恵信尼はどのような母親だったのでしょうか。親鸞は、後年に作成した『正像末和讃』の「皇太子聖徳奉讃《こうたいししょうとくほうさん》」の中で、次のように理想の母親像を述べています。

救世観音大菩薩
聖徳皇と示現して
多々のごとくすてずして
阿摩のごとくにそひたまふ

〔救世観音菩薩は、聖徳太子として現れ、お父さんのように子どもの私を捨てず、お母さんのようにただ寄り添ってくださいます〕

親鸞にとって理想の父親は「子どもを見捨てない」ということであり、理想の母親は「苦しむ子どもにそっと寄り添ってくださる」という人でした。それを恵信尼に見ていたかどうか、興味深いところです。後年の恵信尼書状を読むと、少なくとも息子・娘全員を見守るという態度が強く感じられます。

親鸞の理想の母親像と父親像は、両親と別れて修行せざるを得なかった少年のころの思いと重なっているように思えるのです。

3 親鸞の孤独の学び

充実していた吉水草庵時代　ところで、親鸞は越後でのんびりと生活を楽しんでいたとはとても思えません。それはたった一人で専修念仏の学びの生活をしなければならなくなったからです。
思えば、親鸞にとって二十九歳から三十五歳までの吉水草庵時代六年間は、とても幸せな時代でした。比叡山での二十年間の苦しい修行から救い上げてくれた師匠法然。その信頼すべき師と先輩たちを仰ぐ学びの生活。信心について疑問が湧けば教えてもらえ、指導してもらうことができました。また話し合うことができ、時には厳しい対立の場面も生じた仲間たち。それも独りよがりにならない学びの生活にはとても必要なことでした。夜になって恵信尼のもとに行けば、親鸞は草庵でのさまざまなできごとについて話すことができたのです。時には為教を交えて。恵信尼も為教も法然の信奉者ですし、信心の何たるかもよく理解していました。昼も夜も、親鸞は幸せだったのです。充実感があったはずです。

突然、孤独に

ところが親鸞はこの幸せな生活からいきなり切り離され、越後という異なる環境で一人で学ばなければならないという生活にさせられました。とても苦しかったことでしょう。越後国府には国分寺を始めとするいくつもの大寺院や、居多神社《こたじんじゃ》などの大神社がありました。そこには多くの仏教書があり、それをもとに修行する多くの僧侶がいました。そのころの神社の構成員の圧倒的多数は僧侶でした。

親鸞は多くの僧侶と交流を持ったと思われます。その学識は会う僧侶たちを圧倒していたと思います。それに、時代の最新の思想である専修念仏思想を親鸞と話し合える人がどのくらいいたか、疑問です。それでも、寺院神社に仏教書を求め、時には僧侶たちと話し合い、自己の思索を深めるという毎日だったでしょう。恵信尼はその様子を見守りつつ、寄り添い、また励ましていたものと思われます。

越後の海

比叡山あるいは京都での環境と地理的に異なることは、海の存在でしょう。日本海の荒波と、晴れた日には海の向こうに沈む太陽。その先に極楽浄土があるのかと、『観無量寿経』の日想観《にっそうかん》を思い浮かべながら真っ赤な太陽の沈む有り様を見つめる日も多かったものと思われます。日想観というのは、極楽浄土へ往生できる確信を得るとされて

いる方法の一つです。『観無量寿経』で次のように教えています。日想観を行うものは、太陽が西に沈むのを見ながら、

心を堅住し、想いを専らにして、移さざらしめ、日の没せんと欲して、状、懸鼓《けんこ》のごとくなるを見よ。すでに日を見おわらば、目を閉じても開きても、みな明了ならしめよ。（原漢文）

〔気持の集中を堅く維持しながら、太陽だけを見るのだという思いが動揺しないようにし、太陽がまさに沈もうとしているときに、形が巨大な太鼓のようであることをよく見つめなさい。よく太陽を見たら、目を開けても閉じても、同じようにはっきりと太陽が見えるようにしなさい。〕

とあります。

念仏の信心の境地を深める

越後は、京都の消費生活とは異なり、人々が田畑や山林そして海や川で生産活動を行う世界でした。親鸞はその活動に従事する人たちを目の前にし、またその中に入り、彼らの喜びと悲しみを身をもって知ることができました。彼らの信仰の世界も、実際に体験したことでしょう。この中で親鸞は孤独に耐えて念仏への信心の境地を深めていきました。

親鸞にとって越後流罪は、孤独での学びを七年も経験できたこと、また比叡山や京都と

はおおいに異なる自然環境の中で信仰の境地を深める経験ができたこと、地方の生産生活の実際を肌で知る経験ができたことという、三つの得難い経験を積むことができた積極的な意義があるのです。

4　親鸞、布教への決心を固める

念仏布教の決心

孤独の学びに堪えて念仏信心の境地を深めた親鸞は、やがて信心の念仏を世の中に広めていこうと改めて決心します。その自信もついたということでしょう。越後生活七年間では積極的な布教活動はしていません。越後には親鸞の門弟がほとんどいないことがそれを物語っています。いずれ越後でも真宗門徒が増えていきます。それは親鸞の没後ということになります。布教地の候補はいくつかあったでしょうが、結局、関東ということになりました。移動すべき住所は常陸国笠間郡稲田郷でした。

常陸国笠間郡

笠間郡《かさまくん》はそのころはまだ「笠間郡」という名称ではなく、新治郡《にいはりぐん》でした。「笠間郡」は、東西に広がる新治郡を三分割して新治東郡《にいはりとうぐん》、新治中郡、新治西郡と通称していたうちの新治東郡のことです。新治東郡の大部分は、中心に笠間という地名があったので笠間保《かさまのほ》とも呼ばれていました。その東には常陸国で二位三位を争う広さの九条家領小鶴荘《こつるのしょう》が展開していました。

三、流罪を許された親鸞と恵信尼

1 流罪赦免

流罪の赦免運動　日野宗業は、在任期間三年十か月、任期を少し残して越後権介を辞めることになりました。それでも前越後権介の名称は越後国では権威を持っています。そして親鸞と恵信尼の関係者によってずっと行われていたに違いないことは、親鸞の赦免申請活動です。親鸞の実家日野家、恵信尼の実家三善家を通じて折に触れて行われていたに違いありません。法然についても同様でした。法然のもっともよき理解者である九条兼実は、法然と親鸞流罪後の承元元年（一二〇七）四月に亡くなりました。これは法然の赦免を願う人々にとっては大きな痛手だったでしょう。しかしその年の暮れ、高齢の法然を慮ってくれたのでしょう、朝廷は赦免しました。しかし京都には戻らせず、摂津国箕面まで戻ることだけを許しました。

親鸞、流罪を許される　親鸞自身、そして関係者の努力が実り、建暦元年（一二一一〇）十一月、流罪を赦免されました。流されてから五年近くが経っていました。親鸞と恵信尼は喜び合ったものと思われます。これからどうするか話し合ったことでしょう。京都へ帰るか、それとも他の地域に布教に出るか。ただ赦免の知らせが届いたのは早くても十二月でしょう。現在の暦では一月の雪の多いころです。娘の小黒女房は三歳か四歳、息子の信蓮房はまだ生まれたばかりの一歳でした。まもなく法然が亡くなったとの連絡が入りました。

親鸞はいったん京都に帰ったかどうか

法然没に関し、従来から問題になってきたのは、親鸞は必ずや大恩のある法然の墓にお参りしたはずだ、という説があることです。江戸時代に著された親鸞伝などに書かれています。それを終えてまた越後に戻り、それから一家で関東へ向かったというのです。

しかし、法然の墓参はいわば私的なことで、親鸞が京都に戻って行うべきことは、赦免の活動を辛抱強く行ってくれた親族や関係者を訪ねて、お礼の挨拶を行うことでしょう。従来の説では、そのことにまったく触れていません。それに京都へ帰りたいのは恵信尼も同様でしょう。まして恵信尼は親鸞の事情で越後へ下ってくれたのですから、親鸞だけがいったんにせよ、京都へ戻るというのは、誠に恵信尼に申し訳ないことではないでしょうか。「越後で待っていてくれ」とはとても言えないのではないでしょうか。女は我慢していろという時代ではありません。

親鸞と恵信尼は一家でいったん京都へ法然の墓にお参りしてから関東へ向かった、という意見もあります。しかし、もう小黒女房・信蓮房も誕生しているし、もし家族で京都に戻ったとしたら、三善家は大歓迎するでしょう。恵信尼はもう関東などへは行きたくなくなるでしょう。恵信尼は布教者ではないのです。一人の、普通の女性です。なにせ、なれない越後で数年苦労したのですし。恵信尼に過大な期待はかけるべきではないでしょう。

常陸国に向かう二つの道筋

関東の常陸国（茨城県）に行く道筋について見ておきたいと思います。まず越後国府からなら、南下して信濃国（長野県）に入ります。善光寺を経て東に向かって碓氷峠《うすいとうげ》を越えて上野国（群馬県）に入ります。国府あたりで南下して利根川の北岸に至ります。利根川に沿って東へ、佐貫荘《さぬきのしょう》（群馬県邑楽郡《おうらぐん》板倉町）に入ります。北上して下野国（栃木県）の国府、そこから常陸国というのが歩いて行く道筋です。

次に、京都から関東に行く場合です。奈良時代から平安時代前期には東山道を通って信濃国中部に至り碓氷峠を越えるのが正式な道筋でした。そこから右と同じ道筋で常陸国に行きます。しかし鎌倉時代には、東山道ではなく東海道を通り、箱根山を越えて関東に入る道筋が確立していました。東海道は相模国（神奈川県）の鎌倉から三浦半島に進み、東京湾を渡って上総国（千葉県）に上陸、上総国・下総国（千葉県。北部は茨城県）から常陸国に至りました。

親鸞と恵信尼の一行は上野国佐貫を通っていますから、箱根を越えて来たのではあり得ません。少なくとも一行は越後から関東へ来たとみるべきです。

2　親鸞の関東行の決心

非常に豊かな常陸国

従来、浄土真宗史では関東は荒野、そこに住む人々は無知蒙昧《むちもうまい》、親鸞はその人々に初めて念仏を伝えた、というように言われてきました。しかし、『延喜式《えんぎしき》』による諸国を税収の多い順に分けた大国《たいこく》・上国・中国・下国のうち、常陸国は大国でした。また『倭名類聚抄《わみょうるいじゅうしょう》』によれば、常陸国は陸奥国に次いで収入の多い国でした。陸奥国は面積が広いので、実質的には常陸国がもっとも豊か、つまりは農林水産物が豊かな国であったといってよいでしょう。

この豊かという特色は現代まで続いています。平成二十二年（二〇一〇）の都道府県別農業生産額は、茨城県は北海道に次いで全国第二位です。常陸国の周囲、下総国も大国、下野国は上国ですが、上野国は大国です。関東は荒野でも何でもありません。当然、そこに住む人々も教養が低いと頭から決めつけることはできません。

武士の新しい希望の都鎌倉

その上、相模国の鎌倉には幕府がありました。鎌倉は新しく興ってきた武士の希望の都です。奈良や京都その付近で思うような布教ができなかった僧侶が、鎌倉へ行って人気を博し、京都へ凱旋《がいせん》するという図式が鎌倉時代にはできあがっていきました。一人だけ例をあげれば臨済宗の栄西です。彼は京都では延暦寺の僧侶たちに圧迫されましたが、鎌倉へ行って北条政子や将軍源頼家・実朝に厚遇されて、寿福寺《じゅふくじ》の住職となり、京都に戻って建仁寺《けんにんじ》を建ててもらっています。

親鸞もそのような流れに乗ったのではないかと私は推測しています。越後から京都へ戻ればまた弾圧されるかもしれません。従来からのしがらみを捨てて、新しい天地で専修念仏を試してみたいということだったのではないでしょうか。

3　恵信尼に関東行きのためらいはなかったか

同行しない妻

ところで、親鸞と一緒に関東に行ったことは間違いない恵信尼に、行くことにためらいはなかったのでしょうか。「恵信尼はためらったはずはない」などと考えるべきではありません。夫唱婦随の時代ではありません。家庭は女性中心ですし、夫は仕事その他の事情で住むところを移しても、妻は同行しないのが普通だったのです。夫は、必要があれば、またその気になれば、引っ越し先で新しい妻を求めるのが普通だったのです。流人の妻という異常な状況ではあったのですが、恵信尼が京都から越後に下ったこと自体が珍しいことだったのです。それだけ、その時点での親鸞と恵信尼との心の結びつきは強かったのでしょう。

生活の保障はあるのか　ところが越後での七年間の生活、苦労があったに違いありません。恵信尼は布教者ではないのです。夫との家庭生活は続けたいけれども、もう京都に帰りたい。昔の生活が懐かしい。京都に戻れば子どもたちに十分な教育を受けさせることができますが、関東ではそれは難しいでしょう。

また越後ならば、もと越後介三善為教の娘、前越後権介日野宗業の甥の妻として生活が保障されますが、関東へ行けば国司の親族としての保障は何もありません。また越後には三善家の荘園がありますが、関東にはありません。

恵信尼は、親鸞の望みはよく理解しつつも、関東移住にはためらう気持と行く意欲とが交錯していたのではないでしょうか。むしろ、それが自然だったと思います。

4　親鸞聖説をめぐって

親鸞は聖だったか

さて第二次大戦後流通した説に、親鸞は聖《ひじり》であったという説があります。越後から関東へ来るとき、この聖になって来たというのです。聖というのは、貧しく生きながら各地を放浪しつつ、教えを説く人のことです。念仏を説く者を阿弥陀聖《あみだのひじり》といい、法華経を説く者を法華《ほっけ》の持経者《じきょうしゃ》といいます。

聖は昭和二十年代・三十年代から四十年代にかけてすばらしい存在であると評価されていました。この時代、日本国民は貧しかったし、そのなかでより良い社会を求めて苦闘する自分の目標として聖を見ている人が大勢いました。聖の研究者も多かったのです。現在ではほとんどいません。もとから示されてはいたのですが（五来重『高野聖』角川書店、一九六五年）聖の問題点も指摘され、聖がすばらしい存在であると考えている者は、もうほとんどいません。

すっかり豊かになってしまった現代の日本で、聖を実際以上に偶像化することはもはやできません。実際の聖の中には、食うや食わずで農民たちに食事をねだりながら、時には盗みなどの悪いことをしながら、布教を商売にして生き延びていた人たちも多くいたのです。武士出身で十分な資金があって各地をめぐっている人たちもいました。西行《さいぎょう》などがその代表的な例ですが、それは稀なことです。それに親鸞が聖であったという、確実な歴史的史料はありません。

親鸞は善光寺聖だったか　また近年では親鸞が善光寺の教えを伝える善光寺聖《ぜんこうじひじり》であったという説も広まっています。これも幻想です。阿弥陀一仏崇拝の親鸞が、なぜ善光寺聖をもっとも崇拝する必要があるのでしょうか。親鸞の多数の著述の中で善光寺信仰について述べているのは、いわゆる「善光寺和讃」五首だけです。しかし親鸞の真筆はなく、蓮如の文明版浄土和讃で初めて世に出たものです。それに和讃としてのでき栄えはあまりよくないし、はたして親鸞の真作か疑問との評価もあります（『親鸞集　日蓮集』岩波書店、一九六四年、『真宗新辞典』法藏館、一九八三年）。

親鸞は越後で善光寺聖になり、常陸国で善光寺信仰を広め、五十三歳のときに下野国高田に入ったとする説も、常陸国云々はまったくの幻想です。そのようなことを語る史料は一つもありません。そもそも、善光寺信仰が北関東に広まり始めたのは、一二二〇年代の後半です。すなわち親鸞の関東生活の後半です。親鸞が善光寺聖であったとするのは誤りというべきです。

まして親鸞が恵信尼と二人の幼児を連れて越後から関東、笠間郡稲田に来る道中、明日の食事も保証できない旅をすることができるでしょうか。恵信尼がそんなあてどもない、飢え死にする危険のある旅を承諾するはずがありません。行き先も決まっていない旅などできるはずがありません。必ずや、関東で確実に待ち受けてくれている人がいたはずでしょうし、幼児二人連れであるからには、安全な旅を行ってきたに違いありません。途中でも、何か所も長期間の寄り道をしたとは思えません。

四、恵信尼の関東移住の決心

1　宇都宮頼綱を頼る

下野国から常陸国の大豪族　関東で親鸞を待ち受けてくれていたのは、宇都宮頼綱《うつのみやよりつな》という豪族であったと推定されます。頼綱は親鸞よりも五歳年下で、このとき三十七歳、下野国中部・南部および常陸国笠間郡を所領とする大豪族でした。また、鎌倉幕府の第二代執権北条義時の妹を妻とし、幕府の重鎮《じゅうちん》として隠然たる勢力を有していました（『栃木県史』通史編三―中世、一九八四年）。

北条時政――┬義時
　　　　　　└女子

宇都宮頼綱＝泰綱
　　　　　　女子
藤原定家―為家＝女子

また頼綱は京都の貴族世界と親しかった人です。宇都宮氏は初代宗円《そうえん》以来四代にわたり、正妻は京都の貴族から迎えています。したがって京都には近い親戚の貴族が大勢いたのです。頼綱の娘は和歌で知られた藤原定家の後継者為家の妻となっています。五代頼綱に至り、初めて関東の豪族の娘を正妻に迎えたのです。北条義時の妹です。

法然最晩年の有力門弟

そして頼綱について注目すべきことは、法然最晩年の有力門弟であることです。実信房《じっしんぼう》蓮生《れんしょう》という法名を与えられています。つまり親鸞の同門の法弟であるのです。法然没後は、法然の有力門弟である善慧《ぜんね》房証空《ぼうしょうくう》の教えを受けました。関東行きは、鎌倉へ行きたいという親鸞の希望を聞き、頼綱が自分の領地へ招いたと推定されます。茨城県笠間市稲田の西念寺所蔵の『浄土真宗興行縁起』に次のようにあります。文中、去年というのは、現代とは異なり昨年という意味ではありません。もっと広く、何年か前にという意味です。九郎頼重《くろうよりしげ》とは、西念寺の伝で頼綱の弟で稲田郷の領主とされている人物です。

越後の国配流、去年勅免ありし善信御房は、源空上人上足《じょうそく》の人なり。はやく其地に請じて、化益《けやく》を蒙るべしと教訓の始末を語る。九郎頼重喜びふかし。

〔越後国に流されていて、何年か前に赦免された親鸞聖人は、法然上人の高弟です。急いで稲田にお招きして念仏の教えを受けなさいと、頼綱は頼重に手順を指示しました。頼重はとてもうれしく思いました。〕

という内容です。

稲田郷は頼綱の領地ですし、親鸞は稲田に住み着いていますし、稲田郷を直接支配し管理している豪族がいたに違いなく、その人物が頼綱から指令を受けたであろうことは、まず、間違いないでしょう。

鎌倉へ直接入るのは困難

むろん親鸞は直接鎌倉へ行きたかったのでしょうが、鎌倉は狭いし、とても警戒が厳重な所でした。浄土宗の良忠《りょうちゅう》は下総国などで数年待ちました。真言律宗の忍性《にんしょう》は常陸国筑波山の麓の三村《みむら》で十年待ちました。時宗の一遍《いっぺん》は鎌倉に入るのを拒否され、西の郊外の片瀬《かたせ》で布教せざるを得ませんでした。親鸞は警戒厳重なことを知り、頼綱の勢力圏の中でも鎌倉に近い稲田に住む決心をしたものと思われます。

2　常陸国笠間郡稲田郷とはどのようなところか

『親鸞伝絵』からの誤ったイメージ　覚如の『親鸞伝絵』に、次のようにあります。

聖人越後国より常陸国にこへて、笠間郡稲田郷といふところに、隠居したまふ。幽栖を占むといへども道俗跡をたづね、蓬戸《ほうこ》をとづといへども貴賤ちまたにあふる。

〔親鸞聖人は越後国から山間を越えて常陸国へ来られ、笠間郡稲田郷という所に隠れ住まわれました。そこにひっそりと生活しておられたのですが、僧侶や俗人が住まいを訪ねてきました。住まいでは門をめったに開かなかったのですが、集まって来た身分の上下の人々が道路に溢れていました。〕

とあります。人々が大勢集まって来たとありますが、文中の「隠居」「幽栖」「蓬戸」から稲田はいかにも人の少ない寒村を思わせます。しかし実際の稲田は、街道の宿場町であり、文中の「蓬戸」というのは、「めったに開かないので蓬のような雑草が生えてしまった門の扉」という意味です。

大神社の門前町でした。

賑わっていた稲田――宿場町――　稲田は東西約四キロメートル、南北二、三キロメートルで、北部と南部が小高い山々、中央部は低地で現在は水田、昔は沼地でした。中央部を稲田川が流れています。ここは南北に通じる街道の宿場町で、大神駅《おおみわのうまや》といいました（『笠間市史』上巻、一九九三年）。宿場というのは江戸時代風の言い方で、奈良・平安時代には駅といいました。やがて宿《しゅく》と称されるようになり、さらに宿場に変わりました。

鎌倉時代の紀行文として知られている『東関紀行《とうかんきこう》』には、尾張国の萱津《かやづ》の東宿《ひがしじゅく》について、

萱津の東宿の前をすぐれば、そこらの人あつまりて、里もひびくばかりにののしりあへり。今日は市の日になむあたりたるとぞいふなる。

〔萱津の東宿の中を通り過ぎていきますと、多くの人たちが集まって、そこらじゅうに響くような大声でわいわい言っています。今日は市が開かれる日に当たっているのだそうです。〕

と述べています。市は月に三回開かれることが普通でした。このように宿場ではよく市が開かれていました。稲田にあった大神駅の賑わいが思われます。周囲の地域から多くの人たちが集まって来たのでしょう。

賑わっていた稲田——稲田神社——

「大神駅」の「大神」というのは稲田神社であったと推定されます。稲田神社は、『延喜式』の名神大社《みょうじんたいしゃ》です。朝廷では、全国の神社を把握するため、有力な神社を三段階に分けて指定しました。上から大社・中社・小社です。大社の中でも、権威の大きさ・荘園の広さなどを考え合わせ、特に有力な大社を選んで名

神大社としました。常陸国では鹿島神宮をはじめとして、例外的に多い七つの神社が名神大社とされました。奇稲田《くしいなだ》姫命《ひめのみこと》を祭神とする稲田神社も、名神大社に指定されています。

稲田神社は、鎌倉時代中期の弘安《こうあん》二年（一二七九）に常陸国府で作成された「常陸国作《ひたちのくにさく》田惣勘文案《でんそうかんもんあん》（弘安の大田《おおた》文《ぶみ》）」によれば、田圃だけで六万坪あまり（二十一万平方メートルあまり。当時の一坪は六尺三寸四方）も領有していました。多くの僧侶がいて、多数の仏教書も所蔵していたはずです。また稲田神社を守る多くの僧兵もいたはずです。親鸞の住んだ稲田は、そのような所だったのです。実際、稲田草庵は、稲田神社の参道からわずか三、四百メートルのところにあったと推定されます。

稲田九郎　前述したように、西念寺の伝では稲田郷は宇都宮頼綱の弟稲田頼重が直接の領主であったといいます。『親鸞聖人門侶交名牒』（三河妙源寺本、常陸光明寺本）に、

頼重　常陸笠間住《じゅう》、稲田九郎と号す。

〔親鸞の門弟頼重。彼は常陸国笠間に住んでいる武士です。稲田九郎と号しています。〕

とあります。西念寺では頼重《らいじゅう》とは頼重《らいじゅう》房教養《ぼうきょうよう》で、この人物が稲田《いなだ》頼重《よりしげ》であるとしています。ただこの時代、俗名を出家してからの法名に使っていたかどうか、まだこの問題が残ります。

以上、親鸞を迎えてくれる宇都宮一族については、恵信尼も十分に理解したと思われます。しかし家庭を取り仕切るといってもいい恵信尼にとっては、宇都宮一族は恩恵を受けやすい自分のではなく、夫親鸞の関係者であることが気になるところです。

3 恵信尼、九条任子を頼ったか

九条家領小鶴荘　ところが幸運なことに、笠間郡の東側には広大な九条家領の小鶴荘という荘園が広がっていました。ここの直接の領主は九条兼実でしたが、元久元年（一二〇四）、兼実は譲状《ゆずりじょう》を書いて小鶴荘の南半分（小鶴南荘）と北半分（小鶴北荘）の一部を娘の宜秋門院《ぎしゅうもんいん》に譲る約束をしました（『岩間町史』、一二〇二年）。宜秋門院こそ、もと後鳥羽天皇の中宮である九条任子、恵信尼が親しくしていたと考えられる女性です。兼実はその三年後に亡くなっていまして、恵信尼が関東へ行こうというころには宜秋門院が領主となっていました。

小鶴荘は全体では、弘安二年の「弘安の大田文」に四百丁の田があったといいます。当時一丁（町）は三千六百坪ですから、四百丁では百四十四万坪で、五百十八万平方メートルあまりとなります。小鶴荘は常陸国で二位・三位を争う広さの荘園でした。その中で宜秋門院に譲られたのは半分としても、七十万坪あまりの大荘園です。名神大社である稲田神社の領地と比較しても、とてつもない広さの荘園です。畑や山林は記録にありませんので、小鶴荘全体としてはさらに広かったのです。

稲田から近い小鶴荘へ

恵信尼は夫が関東へ、しかも小鶴荘の西の笠間郡へ行く気配になったとき、宜秋門院を頼ったのではないでしょうか。小鶴荘の中心と推定される小鶴《こづるの》本郷《ほんごう》（現在の東茨城郡茨城町の内）には、稲田草庵から八キロメートル程度の距離です。小鶴本郷には笠間の佐白山《さしろさん》の西脇を通ってくる涸沼川《ひぬまがわ》が流れています。稲田からは、その中央部を流れる稲田川を船で下り、笠間の佐白山麓で合流する涸沼川に入れば、まったく楽に、しかも早く小鶴荘の役所まで行けます。涸沼川はまもなく涸沼という広い湖に入り、さらに川は流れて那珂川《なかがわ》と合流してすぐ太平洋に入ります。那珂川は、親鸞の手紙によく出てくる常陸奥郡《おうぐん》の南端を流れる大河です。

恵信尼は小鶴本郷へ行けば宜秋門院と連絡が取れ、保護も得られます。同時に京都の実家三善家に援助を頼むのも容易です。恵信尼は稲田の周囲の情報を集めた際に小鶴荘の存在を知り、宜秋門院本人にも確認して援助の約束を取り付け、不安ながらも関東行きという選択をしたのではないでしょうか。

従兄の三善康信と康清

さらにまた、鎌倉には恵信尼の従兄である三善康信《みよしやすのぶ》と康清《やすきよ》がいます。こちらも夫親鸞ではなく、恵信尼の関係です。康信は幕府の問注所執事《もんちゅうじょしつじ》です。康清は公事奉行《くじぶぎょう》で、筑波山の西麓にある真壁荘《まかべのしょう》の預所《あずかりどころ》です。恵信尼がどのように頼ったか頼らなかったかは別にして、関東には恵信尼の身近な親族が幕府の有力者として活躍していたのです。恵信尼は心強かったに違いありません。これもまた恵信尼に関東行きを決意させた材料になったと思います。

第三章　関東の人々と暮らす恵信尼

一、親鸞の信心のゆらぎ

1　関東への旅

関東への旅立ち　建保二年（一二一四）、親鸞と恵信尼は子ども二人を連れて越後国府を出発しました。暖かい気候になっていたでしょう。それを現在の暦で四月とすれば、当時の暦では三月ころに当たります。当時、一月から三月までが春、四月から六月までが夏です。八歳ないし七歳くらいの小黒女房と四歳の信蓮房を連れていたのでは無理できません。恵信尼と子どもたちは馬に乗ったことが十分に考えられます。

途中の長期滞在は無理　ところで、長野県には越後から関東に行く途中の親鸞が長期間滞在したとする寺院・神社がいくつもあります。しかしそれは無理だろう、そんな余裕はなかったろうと思います。幼児を抱えて常陸国稲田を目ざす親鸞と恵信尼夫婦が、何か所も長期間滞在するでしょうか。孤独な聖ではないのです。信濃国善光寺は、旅行の道筋の上にありますから、立ち寄った可能性は十分にあります。親鸞と恵信尼の旅は、目的地を目ざして進む、寺院・神社が道の途中にあれば参詣する、そこで子どもたちを一休みさせるという内容だったでしょう。親鸞は比叡山で鍛えた足が強かったでしょうが、恵信尼にも子どもたちにも無理はさせられません。

2 佐貫での千部経読誦とその中止

佐貫で千部経読誦に入る　さて親鸞・恵信尼一行は、善光寺を過ぎて南に下り、東に向かって碓氷峠を越えて上野国に入ったと思われます。そこから道順で上野国の国府に至り、南下して利根川の北岸に到着、利根川に沿って東に進んだと推定されます。そして上野国佐貫まで来たところで、親鸞にある重大なできごとが起きました。恵信尼文書第五通に、次のように書かれています。

三ぶきやうげにげにしく千ぶよまんと候し事は、しんれんばうの四のとし、むさしのくにやらんかんつけのくにやらん、さぬきと申ところにてよみはじめて、四五日ばかりありて思かへしてよませ給はで、ひたちへはおはしまして候しなり。

〔親鸞が浄土三部経を心を込めて千回読もうとしたのは、信蓮房が四歳の年のことでした。武蔵国でしたか上野国でしたか、佐貫という所でした。読み始めてから四、五日くらい過ぎて、思いとどまって読むのを止められて、常陸へ向かわれたということでした。〕

親鸞は浄土三部経を千回読誦をすることを「しんれんぼうの四のとし」、すなわち親鸞四十二歳のときに、さぬきで始めてしまったのです。

浄土三部経を千回読む

浄土三部経というのは、阿弥陀信仰に関する『無量寿経』『観無量寿経』『阿弥陀経』という三種類の経典です。浄土三部経という用語は、法然が作ったと言われています。天台宗や日蓮宗でも法華三大部とか法華三部経などという用語もありますし、「三」にまとめるのは阿弥陀信仰者だけではありません。

そして浄土三部経を、人々の病気回復や作物の多い収穫などを祈って千回読誦すると、大きなご利益があるといわれていました。そのために千回読誦することが行われました。それを、千部経読誦とも称しています。実は千部経読誦を完了するには、とてつもない時間がかかります。浄土三部経を通して読誦すると四時間半はどかかります。仮りに一日に休憩抜きで四回読誦すると、十八時間かかります。睡眠時間は六時間です。休憩時間・食事時間だって必要でしょう。それで千回読誦するためには少なくとも二百五十日必要という計算になります。八か月あまりの難行苦行です。妻子連れで旅の途中の親鸞にそんなことができるのでしょうか。

一般的には、転読といって目次と中間の一部および最後の数行を読む、という方法もあります。お経が巻物に書かれていた時代です。折本《おりほん》といって、長い横長の紙を折り束ねていく本が生まれてからは、ページをパラパラめくっていく方法も生まれました。大部の経典、主に『大般若経《だいはんにゃきょう》』六百巻について、この経典を重んじる天台宗や曹洞宗などで行われています。この読み方を転読といいます。全部しっかり読むのを真読といいます。

千部経読誦に恵信尼も立ち会った

恵信尼書状には、また、次のようにあります。

この十七八ねんがそのかみ、げにげにしく三ぶきやうをせんぶよみてすざうりやくのためにとて、よみはじめてありしを、

〔今から十七、八年前、浄土三部経を心を込めて千回読もうとしました。これは親鸞自身のためではなく、人々のためにということで読み始めたのですが、〕

親鸞は自分の力で人々を救おうと決心して読み始めたのです。恵信尼もその場にいました。そのことは、「よみはじめてありしを」と、書状に自分の体験を表わす過去の助動詞「し」を使っていることで確認できます。もし親鸞が読んだ場面にいなかったのだったら、

恵信尼は、「よみはじめてありけるを」と書いたはずです。

親鸞、自力の念仏に頼る

親鸞の念仏は他力の念仏です。念仏を称えることによって病気回復や収穫の多さなどを期待するものではありません。そのような自分の力すなわち自力の念仏は捨て去っています。そんな力は人間にはないとするのです。力はないので阿弥陀仏にお任せするしかない、としています。

しかし四十二歳の親鸞は、佐貫で自力に頼ってしまいました。「すざうりやくのため」とあるからには、親鸞は佐貫で住民たちのよほどのひどい生活状態、あるいは困ったできごとに出会ったのでしょう。そこで住民たちに懇願されて千部経読誦を始める決心をしたものでしょう。住民たちが強く望むのは、信心の念仏ではなく、現在の状況を変えてくれるであろうありがたい経典の読誦なのです。佐貫にはどんな問題があったのでしょうか。

「さぬき」とはどこか

「さぬき」とはいったいどこでしょうか。それは群馬県邑楽郡板倉町付近と考えられます（『板倉町史』、一九八五年）。数十年ほど以前までは、板倉町の西隣りの邑楽郡明和町大佐貫という説が有力でした。明和町は、板倉町と同じく利根川に面しています。そして中世では両町とも広い佐貫荘という荘園に属していました。そこは藤原《ふじわらの》秀郷《ひでさと》を先祖とする佐貫氏が支配していました。藤原秀郷は平安時代の十世紀、平将門を討ったとして名をあげた豪族です。その子孫は北関東に展開しました。佐貫氏はその一つです。

真言宗・宝福寺と性信座像

ところが一九六〇年に板倉町板倉にある真言宗の宝福寺から性信《しょうしん》の座像が発見されました。それ以来、ここが恵信尼書状にいうところの「さぬき」であろうという見方がほぼ固まりました。

性信は親鸞がもっとも信頼した門弟の一人で、後には親鸞門弟二十四輩《にじゅうよはい》の第一とされた人物です。真宗の門徒集団である横曾根門徒《よこそねもんと》の最初の指導者です。横曾根門徒は現在の茨城県常総《じょうそう》市付近から発展し、栃木県南部・群馬県東南部にも展開しました。そのとき、親鸞が滞在した由緒の地を記念して性信座像を安置したのではないかと推測されています。鎌倉時代末期のことです。

性信座像はその銘文によって、安置した所は法福寺ということがわかっています。「法」と「宝」と漢字は変わったものの読み方は同じ「ホウフクジ」です。特に興味深いことに、鎌倉時代（あるいはそれ以前）から現代に至るまで真言宗の寺であることです。浄土真宗の寺になったことはありません。そして性信はこの寺で現代に至るまで祖師として尊敬され続けてきました。横曾根門徒には真言宗の影響が見られるのですが、性信と宝福寺との関係もその一つです。

大河と氾濫原の「さぬき」

板倉町の南側を流れる利根川の非常に高い堤防の上に立

つと、あたり一面が見渡せます。川は右から左に流れていて、手前は群馬県（上野国）、広い川幅の向こうは埼玉県（武蔵国）です。川下に向かうと、まもなく左側は栃木県（下野国）です。川下正面にも木の茂みのような景色が見えます。茨城県（下総国）です。利根川は大きく右に向かってカーブを切りながら流れていきます。左奥には、遠く筑波山が見えます。海抜八百七十七メートルのさほど高い山ではないのですが、なにせ関東平野の北に平地からいきなり立ち上がっていますので、とても目立つのです。親鸞の一行は、碓氷峠を越えてから、この筑波山を目指して歩いたのではないかという見方もあるのです。

また、現在ではまったくなくなってしまいましたが、板倉町大高島《おおたかしま》あたりから対岸の埼玉県側に、ちょうど丁字路のように大河が流れ出していました。これは地理学の研究で判明しています。そして今でこそ治水事業が進んで高い堤防が陸地を守っていますが、堤防のうしろを振り返ると、氾濫原が何キロメートルも先までというくらい広がっていることがわかります。現在では水田や畑、宅地になっています。対岸の埼玉県側も同じです。

洪水の被害も多かった

この景色から十分に推測されることは、昔は洪水で大変だったろうということです。そのたびに川筋が変わり、武蔵国と上野国と国境もはっきりしなくなっていたでしょう。利根川を挟んで両方に「さぬき」という地名が存在した時期もあったに違いありません。旅行者だった恵信尼が「むさしのくにやらんかんつけのくにやらん」と書いたのも無理からぬものがあったのです。

親鸞と恵信尼一行が通ったのは、春または夏でしょうから、洪水とその後の疫病《えきびょう》の流行、日照りの被害などが佐貫荘の住民を苦しめていて、信心の念仏の無力を感じた親鸞が伝統的な読経、呪術的な効果を期待する読経による救済を試みたということでしょう。

でも千部経読誦は、真読として行うならばとてつもない日数がかかります。親鸞は「それでもよい」と決心したのでしょう。人々を助けたいという親鸞の心の奥の真剣さを感じます。恵信尼も、それにはまったく同じ気持だったことでしょう。

恵信尼の心配　しかしながら読誦の当事者でない分、客観的な立場に立てた恵信尼には、非常に心配なことがあったはずです。それは京都以来、深め続けてきた信心の問題です。「信心」の何たるかを知っているのは親鸞だけではありません。恵信尼は少女時代から念仏には信心が重要だと知っていたのです。親鸞と結婚し、親鸞が吉水草庵でその信心を深める中、恵信尼も深めていたに相違ありません。

その恵信尼は、浄土三部経千回読誦を企てて実行する親鸞がいかに心配だったか。いってみれば、親鸞は信心が揺らいだのです。夫親鸞の信心が揺らぐのは、恵信尼にとってもゆゆしき事態です。ただ、恵信尼書状でうかがうかぎり、恵信尼が親鸞に口を出した様子はありません。

三部経読誦を中止

　やがて、親鸞は浄土三部経読誦を中止しました。それは次のように気づいたからだと、恵信尼は述べています。「これはなにごとぞ」という強い語調で始まります。

　これはなにごとぞ、じゝんけう人しん、なんちうてんきやうなむとて、身づから信じ、人をおしへて信ぜしむる事、まことの仏おんをむくゐたてまつるものと信じながら、みやうがうのほかにはなにごとのふそくにてかならずきやうをよまんとするやと思かへして、よまざりしことの、

（これはいったいどうしたことだ。いま私は間違った行いをしているのではないか。私は善導大師が「自信教人信《じしんきょうにんしん》、難中転更難《なんちゅうてんきょうなん》（阿弥陀仏の本願をみずから信じ、人をして信じさせるのは、とても難しいことだ）」と、阿弥陀仏のすべての人々を救おうという慈悲の心を人々に伝え、阿弥陀仏を信じさせるのは、ほんとうに阿弥陀仏の御恩に報いることになると仰せられたことを信じていたはずだ。それなのに私は、「南無阿弥陀仏」の他にいったい何が足りないと思って経典を絶対に読まなければいけないとしているのだろうか。こんなことはあってはいけないと思い直して読むことを止めていたのですが、）

関東の生活で恵信尼にとって重要関心事の一つは「信心」でした。もう一つ、重要関心

事がありました。それは、恵信尼書状の記事から判断すると、「夫婦の絆」でした。夫をいかに信頼できるか、尊敬できるかという問題です。関東で夫と一緒に生活していけるか、という悩みでもあります。それが越後から関東へ入ってまもなくの常陸国下妻で見た恵信尼の夢に現れています。

二、夫婦の絆を確認

1　夫は観音菩薩――常陸下妻での夢

常陸国下妻の幸井郷　恵信尼は下妻の幸井郷《さかいのごう》という所で夢を見た、と恵信尼書状第三通に記されています。幸井郷は現在の茨城県下妻市坂井《さかい》と推定されます。現在の坂井は、南北約八百メートル、東西約二百メートル（一部は約五百メートル）というとても狭い地域です。また隆起などもない平坦な低い土地です。その周囲は、現在では宅地や田畑ですが、親鸞のころはほとんどが沼地であったと推定されます。真東には筑波山が聳えているのが見えます。坂井の南まもなくには、小島草庵《おじまのそうあん》で知られた下妻市小島がありますす。坂井の南端には千勝神社《ちかつじんじゃ》という神社があります。幸井郷には、昔からこの千勝神社しか神社はありませんでした。

恵信尼の見た夢――阿弥陀堂と鳥居――　この神社が舞台になったのかどうか、恵信尼は次のような夢を見たと述べています。文中、御だう（御堂）というのは、単なるお堂ではなく、阿弥陀堂のことです。釈迦仏が安置されているお堂は釈迦堂、観音菩薩なら観音堂といいました。

　だうくやうかとおぼへて、ひんがしむきに御だうはたちて候に、しんがくとおぼえて、御だうのまへにはたてあかししろく候に、たてあかしのにしに御だうのまへに、とりゐのやうなるによこさまにわたりたるものに、ほとけをかけまいらせて候が、

〔阿弥陀堂の落成供養のようで、御堂は東向きに建っていました。実際には落成供養の予行演習のようでした。阿弥陀堂の前には松明《たいまつ》があかあかと燃えていまして、その西側の阿弥陀堂の前には鳥居のようなものが建っていました。その鳥居の貫に仏様の絵が二枚かけてありました。〕

恵信尼は、これから始まる夢の舞台を、以上のように述べています。

　夢の中でも夜なのでしょう。夜というのは神仏と交感できる神聖な時間帯でした。親鸞が二十九歳のとき、京都六角堂で本尊救世観音菩薩からお告げをいただいたのは夜だったことが思い合わされます。

二枚の掛け軸　恵信尼が夢の中で見ているのは、東向きに建つ阿弥陀堂の前に鳥居があり、その貫（横木）に二枚の仏の顔を描いた掛け軸が掛かっており、それを松明が照らしている、という場面でした。

阿弥陀堂という仏教の施設の前に、鳥居という神道の施設が建っているというのは興味深いのですが、その感覚は明治時代初めの神仏分離以降の私たちの特色です。それ以前は神社に寺院があっても、寺院に神社があってもその象徴ともいうべき鳥居があっても、特に珍しいことではなかったからです。

その掛け軸の仏のうち、一点は、

たゞほとけの御かほにてはわたらせ給はで、たゞひかりのま中、ほとけのづくわうのやうにて、まさしき御かたちはみへさせ給はず、たゞひかりばかりにてわたらせ給。

〔まったく仏様のお顔ではなく、光だけの絵の真ん中に、仏様の頭光《ずこう》があるような様子で、確かなお顔は見えませず、まったく光だけのようでいらっしゃいました。〕

という状況でした。松明があかあかと燃えているのですから、恵信尼が見誤ったということではありません。もう一点は、

まさしき仏の御かほにてわたらせ給候。

〔確かに仏様のお顔をしておられました。〕

のです。

法然は勢至菩薩の生まれ変わり

そこで恵信尼が、おもわず、「この仏様はどなたでいらっしゃるのでしょう」と尋ねました。すると、誰が答えてくれたかはわからないのですが、次のような答えが聞こえてきました。

あのひかりばかりにてわたらせ給は、あれこそほうねん上人にてわたらせ給へ。せいしぼさつにてわたらせ給ぞかし。

〔あの光だけのお顔の仏様は、あれこそ法然上人でいらっしゃいますよ。勢至菩薩の生まれ変わりでいらっしゃいます。〕

法然が勢至菩薩の生まれ変わりというのは、すでにその生前から噂されていました。もともと、阿弥陀仏の二つの大きな徳目である慈悲と智慧を形に表した姿が、観音菩薩と勢至菩薩であるといわれています。智慧とは、宇宙や人生を見通す知識です。それを完全に得たならば悟りを得たことになります。阿弥陀・観音・勢至の三尊像は、三体で阿弥陀仏の持つ徳を具体的に表しているともいえます。そして智慧は光でも表されます。したがって勢至菩薩の生まれ変わりの法然の顔が光で表されていることに、恵信尼は納得したのです。

法然は恵信尼が尊敬する人物です。すでに勢至菩薩の生まれ変わりという評判は聞いていたに違いありませんし、この夢を見て改めて納得したことと思われます。

親鸞は観音菩薩の生まれ変わり

そして恵信尼が、「鳥居にかかっているもう一点の仏様はどなたでしょう」と尋ねますと、また答えてくれたのは誰ともわかりませんが、次のような答えがありました。文中、「ぜんしん」は「善信」で親鸞のことです。

あれはくわんおんにてわたらせ給ぞかし。あれこそぜんしんの御房《おんぼう》よ、

〔あれは観音菩薩でいらっしゃいますよ。あれこそあなたの夫の親鸞さんですよ、〕

これを聞いた恵信尼は大変驚いたのです。その理由の第一は、自分の夫が観音菩薩の生まれ変わりであったと知ったこと。第二は、しかも自分が尊敬する法然と並ぶ人物であったと知ったこと。「そうだったのか」という思いだったと思われます。そこで目が覚め、

「ああ夢だったのか」と思ったのです。恵信尼書状に、

うちおどろきて候しにこそ、ゆめにて候けりとは思て候しか。

とあります。「うちおどろく」というのは「びっくりして目が覚める」という意味です。

2　鎌倉時代の人々にとっての夢

夢は実際のことを示す

鎌倉時代の人々は夢は実際のことを示している、と意識されていました。その意識は平安時代の人より強くなったようです。平安時代の貴族たちは、事実と思ったり、そうでなかったり、かなり割り切って考えていました（倉本一宏『平安貴族の夢分析』吉川弘文館、二〇〇八年）。夢を売買するという習慣もありました。

北条政子、夢を買って幸運を手に入れる

源頼朝の妻の北条政子は、伊豆国の小土豪の娘であった少女時代、彼女の妹から不思議な夢を見たと聞きました。その夢は、「山の中を歩いていて、光り輝く太陽と月を手に取って左右の袖に入れ、三つの実が付いた橘《たちばな》の枝を頭にさした」という夢でした。政子は「それは災いをもたらす夢だから私が買ってあげよう、身代わりになってあげる」と、鏡と小袖を与えてその霊夢を買い取りました。ところがこれは吉夢だったのです。そのころ、伊豆国に流されていた源頼朝は、政子の妹が美人であると聞いて恋文を送りました。しかし使いの者が間違えて政子に渡してしまいました。その結果、政子は将軍の妻になるという大幸運を得ました（『曾我物語《そがものがたり》』）。むろん、政子は妹の夢が吉夢であるとわかっていたのです。このように、当時、他人が見た夢を買うとその夢を自分のものにすることができる、と言われていました。

恵信尼、観音菩薩の夢は語らず

自分に関する吉夢は、どんな邪魔が入るかもわかりませんから、口に出して話さない方がよいのです。したがって恵信尼は、法然が勢至菩薩の生まれ変わりであるという夢は親鸞に話したのですが、親鸞が観音菩薩の生まれ変わりと見た夢のことは話しませんでした。恵信尼は前掲の書状で、

さやうの事をば人にも申さぬとき、候しうへ、あまがさやうの事申候らむは、げにげにしく人も思まじく候へば、てんせい人にも申さで、上人の御事ばかりをばとのに申て候しかば、

〔このような霊夢は他人に話すことではないと聞いております。それに私がそのようなことを話しても他人は本気にしないでしょうから、初めからまったく誰にも話しませんでした。ただ法然上人のことだけ、夫にお話ししましたところ、〕

と述べています。この時点で四十二歳の親鸞は、まだまったく有名人でも何でもありません。したがって、「観音菩薩の生まれ変わりです」と言ったって誰も本気にしない、そうなったら恥ずかしいと恵信尼は思ったのです。しかし、親鸞が観音菩薩の生まれ変わりである、しかも法然と肩を並べるほどすごい存在だという夢を見たことは、その後の恵信尼の生き方を決定的にしました。

3　恵信尼の夢の意味

従来の見方　従来、親鸞と恵信尼とは最初から最後までお互いを観音菩薩として尊敬しあっていたよい夫婦、という見方が一般的でした。その根拠は、親鸞については、二十九歳のときに京都六角堂の観音菩薩から与えられたという「行者宿報の偈」でした。そこでは、親鸞が結婚することになったなら、自分が妻となってあげよう、ということが告げられていました。すなわち、親鸞の妻は観音菩薩というわけです。恵信尼については、前述の恵信尼三十三歳のときの、夫親鸞は観音菩薩の生まれ変わりという夢でした。

恵信尼の苦労と心配　しかし、親鸞の六角堂での夢はともかく、恵信尼が下妻で夢を見たのは、いったい結婚後何年経っているでしょうか、結婚後十年あまり経っています。恵信尼にしてみれば、この十年あまりで結婚生活の実際はすでにわかったということでしょう。妻としての苦労もさまざまあったはずであり、夫に対する不満もあったと考えて普通でしょう。それは現代の私たち自身のことを考えればすぐにわかることです。

いくら信心で結びついた夫婦といっても、夫が思いもかけぬ流罪人となり、慣れない越後での実家の家族と切り離されての不便な生活。子どもも二人生まれたのに、懐かしい京都へ帰れるどころか、夫はまだ見も知らぬ関東へ行きたいという。しかも家族で。このまま関東へ一緒に行っていいのかという不安が恵信尼の頭をよぎったとしても不思議ではないでしょう。恵信尼は普通の女性で、使命感に燃える布教者ではないのです。それに関東へ行ったら、誰が子どもたちの教育を担当してくれるのでしょうか。子どもたちの将来を思うと、貴族出身の恵信尼はとても心配だったでしょう。いくら宇都宮頼綱が生活の保証をしてくれるとはいっても、将来的には頼綱と親鸞の仲が悪くならないともかぎりません。恵信尼の、関東行きについての不安は大きかったと思うのです。

恵信尼の喜びと決心

しかし親鸞に対する尊敬心・愛情があったからこそ、恵信尼は関東までついてきました。しかし不安は抜けません。関東ではまた、越後とは異なる言葉を使っています。上野から下野、そして常陸へと歩き進んできたところで心配がさらに増し、「とうとう関東へ入ってしまった、どうしよう」、という時点で知ったことは、夫は観音の生まれ変わりという想像もしなかった尊い存在であったということです。驚きとともに大きな喜びを感じたことでしょう。しかも夫はとても尊敬してきた法然と並ぶ存在であるということもわかったのです。恵信尼は、そうだったのか、それなら自分は関東で夫とともに生きていける、いや生きていこう、という決意を固めることができたのではないかと思うのです。

下妻での夢は、苦労と不安の果ての、恵信尼の喜びと決心を表すものだったのではないでしょうか。付け加えれば、後世の私たちは、その心境に至るまでの恵信尼の苦労と努力を思ってあげるべきではないかと思います。

三、関東の生活

1　親鸞と恵信尼一家の住所

武士の世界と女性　常陸国は、冬は寒くても雪はあまり降りません。筑波山の南に行くと、冬でも草が青々と生えているところが多いです。農産物は豊かです。山や川の恵みもあります。茨城県の東側には海（太平洋）があります。海は太陽が昇るところです。海産物も多く採れます。

親鸞と恵信尼が関東に来たころは、他の地方と同様に山麓地帯に豊かな人間生活が営まれていました（『茨城県史』中世編、一九八六年）。そこでは地頭や預所、あるいは名主といった武士が土地を支配し、管理していました。武士の女性は貴族の女性とは異なる能力が求められました。それは文字の読み書きや楽器の演奏などではなく、炊事・洗濯・育児などの家事に加えて、使用人を指揮して一家を運営する能力です。さらに夫が戦争に出かけた後、家を管理する能力です。そのために夫婦同居が貴族より早く進んでいました。

しかし決して夫の意向に沿って動く夫唱婦随ということではありませんでした。貴族の女性同様、武士の女性も親から領地を分け与えられるのが普通でした。その領地からの収入に見合うだけの発言力は持っていました。また、武士の家の刀や弓矢などをしまっておく武器庫の鍵は妻が握っていたのだ、という推測もあります。つまり、その場合、妻が「ウン」と言わなければ夫や息子たちは戦争に行けなかったのです。さらに妻の父が戦争に行く場合、父からの要求があれば、もらった領地で養えるだけの兵力は父に提供しなければなりませんでした。親から領地を譲られるというのは、そのような義務があったのです。女性は生活上の自立した判断力が必要です。恵信尼は、その在り方もしだいに理解していったようです。その理解は、越後国に住んでいるときから始まっていたものと思われます。

親鸞一家の草庵

親鸞が住んだ草庵として以下の諸所が伝えられています。

・稲田草庵……茨城県笠間市稲田
・笠間草庵（お草鞋脱ぎの御草庵）…茨城県笠間市笠間
・小島草庵……茨城県下妻市小島
・大高山《だいこうさん》……茨城県常総市蔵持《くらもち》

・大山草庵……茨城県東茨城郡城里町阿波山《あわやま》
・霞ケ浦草庵…茨城県石岡市柿岡
・三谷草庵《みやのそうあん》……栃木県真岡市三谷
・佐貫草庵……栃木県塩谷郡塩谷町佐貫

それぞれの草庵で住んだとされている年数を合計すると、十八年どころか何十年にもなります。家族連れで各地に引っ越すのも無理でしょう。

2　親鸞の布教生活

稲田草庵での活動

さて親鸞は稲田草庵でどのような活動をしたでしょうか。それは、第一に念仏を広めることです。稲田付近にもすでに念仏はあります。でもそれは親鸞が理想とする信心の念仏ではありません。おまじないの念仏といったらよいでしょう。第二に、当初からではないと思いますが、『教行信証』を執筆することです。第三に、自分の信心の境地を深めることです。この第三を浄土真宗風の言い方をすれば、信心を定めることです。定まったと思っても、実際にはなかなか定まっていないのです。親鸞の佐貫荘での浄土三部経千回読誦の企てとその中止のことを見れば、それはわかります。親鸞は京都吉水草庵で六年間、越後で七年間、計十三年間も信心の念仏の境地を深めたはずだったのですが、ふっと自力に戻ってしまったのです。

右の第二の『教行信証』執筆が関東へ来る第一の目的ならば、関東へなど来ないで越後に残っていた方がよほどよいのです。七年間の越後生活で、国分寺その他の大寺院の僧侶たちとかなり親しくなっていたでしょうし、何といっても前越後権介日野宗業の甥であるという立場は強く、諸寺院の書籍を閲覧するのは容易だったでしょう。どこにどんな経典があるか、かなりわかっていたでしょうし。それに、『教行信証』執筆が親鸞の当面の第一目標だったら、京都へ帰ればいいのです。関東へ行けば、各方面に信用を得ることから始めて、また一から始めなければならないのです。

一泊二日の布教活動　親鸞は稲田草庵に来る人に教えを説くとともに、積極的に外へ出て教えを説いたでしょう。その外というのは、稲田を中心にして半径三十数キロメートルから四十キロメートルの地域と推定されます。それは、親鸞の重要な門弟たちの最初の住所が、ほぼこの中に入るからです。重要な門弟たちとは、後世に二十四輩と呼ばれた門弟たちなどのことです。

親鸞は、朝、稲田草庵を出て夕方に目的地に到着、夜に念仏の会を開き、そのまま泊めてもらい、翌朝稲田草庵に向かって帰る、といった布教生活だったのでしょう。人間は一時間に歩く距離は約四キロメートルといいます。親鸞は足が強かっただろうからもっと長い距離を歩けたはずだ、という意見もあるでしょう。しかし道はいつも真っ直ぐでもなければ、途中には山や川や沼もあるのです。川にはどの程度橋が架かっているでしょうか。道を尋ねながら行くこともあるのです。一生懸命走るように歩き、目的の場所に到着したはいいが疲れてしまって念仏の会ができないのでは話になりません。朝早く稲田草庵を出発して、夕方に目的地に着く（十時間以内）、というのを最大限の距離にしていたと見るべきでしょう。多くの子どもたちのいる稲田草庵を妻恵信尼だけに頼んで、長い日数、留守にするわけにはいきません。

3　「在家仏教」の意味

家庭生活と信心と布教

ところで、在家仏教という言葉があります。この言葉は、普通、「出家修行をしなくても、俗人としての生活を営んだままで悟りに、あるいは極楽往生ができる内容の仏教」という意味で使われています。特に、現代人の生き方について使われる言葉です。布教について使われる言葉ではありません。しかし私は親鸞と恵信尼の生き方、つまりは家庭生活を送りつつ、布教とみずからの信心を定めようとする生き方こそ、在家仏教の名にふさわしいのではないかと考えています。

覚如の天才的能力

いみじくも親鸞の曾孫の覚如が規定したように、親鸞の念仏の特色は信心と報謝にありました。覚如は、執筆後七百年後の今日でも親鸞伝研究の基本史料である『親鸞伝絵』を、弱冠二十六歳のときに執筆しました。数え年です。現代なら大学卒業後間もないか、どうかすれば在学中の年です。また法然伝であり、同時に親鸞の重要なエピソードを何か所も含む『拾遺古徳伝絵《しゅういことくでんね》』を三十二歳のときに執筆しました。これは、親鸞がいかに法然の正統的後継者であるかを主張したものです。覚如は、『七箇条制誡』に署名があるだけでも二百人近くにも及ぶ法然の門弟の中で、自分がその曾孫であるとはいえ、親鸞の念仏こそ正しいと強く説いたのです。覚如は親鸞の伝記執筆に天才的な能力を発揮しました。

阿弥陀仏への信心

すべての宗教には信ずる心すなわち信心が必要でしょう。しかし親鸞は救済に関して自分に何の能力もない無力な存在であるとして、阿弥陀仏の広大無辺の慈悲を信じ、阿弥陀仏の計らいにお任せする、としました。その信じることさえ、自分で信じようとするのではなく、阿弥陀仏がさせてくださるとしました。すなわち、阿弥陀如来より賜りたる信心です。その信心によって、口をついて出るのが念仏であるとしました。

親鸞が八十五歳のときに作成した「正像末浄土和讃」の冒頭に置かれている、通称「夢告讃」に次のようにあります。

弥陀の本願信ずべし
本願信ずるひとはみな
摂取不捨の利益にて
無上覚をばさとるなり

〔阿弥陀仏の本願を信じましょう。その本願を信じる人は全員、いったん救い上げたら捨てることがないという阿弥陀仏のご好意によって、この上ない悟りの世界を得られるのです〕

法然への信頼

この信心に基づく念仏を親鸞に教えてくれたのは誰でしょうか。いうまでもなく法然です。その法然を、親鸞は次のように信頼していました。『歎異抄』第二に、

たとひ法然聖人にすかされまひらせて、念仏して地獄におちたりとも、さらに後悔すべからずさふらう。

〔もし法然上人に、念仏を称えれば極楽往生ができますよと教えられて、それが嘘であって、念仏を称えたら地獄へ堕ちてしまったという結果になっても、私は

まったく後悔いたしません。〕

とあります。

比叡山での二十年に及ぶ苦しい修行の果てに出会った法然の導き。法然に出会えた喜びと、この人についていけば大丈夫だという強い信頼の気持。その気持が右に引用した『歎異抄』によく示されています。この『歎異抄』は門弟の唯円に語ったものですけれども、妻の恵信尼も、親鸞が法然への信頼をさる人に語った場面にいたことがあるのです。恵信尼書状第三通に、

しやうにんのわたらせ給はんところには、人はいかにも申せ、たとひあくだうにわたらせ給べしと申とも、せゝしやうじやうにもまよいければこそありけめ、とまで思まいらするみなればと、

〔法然上人がおいでになる所には、他人がどのように法然上人の悪口を言っても、それが地獄や餓鬼《がき》の世界であっても、私は今後どのような世界に生まれるかわかりませんが、迷って法然上人に付いていかないなんてことは絶対にありません、というほど決心している私ですので、〕

とあります。法然が唐の善導を慕って「偏へに善導に依る」（『選択本願念仏集』）と述べたように、親鸞も「偏へに法然に依る」ということだったのです。

法然という人への信頼の心は、親鸞のみならず恵信尼や子どもたち、周囲の人たちへも広がっていったのではないでしょうか。恵信尼も、親鸞に信頼されていると感じていたからこそ、大きな困難が予測される関東へ付いていったのでしょう。親鸞の信心の念仏には、人への信頼の心も背景にあると思います。

報謝の念仏　また報謝についても、親鸞は折に触れて強調していました。『歎異抄』第十四にも、

一生のあひだまうすところの念仏は、みなことごとく如来大悲の恩を報じ徳を謝すとおもふべきなり。

〔一生を通して称える念仏は、みんな全部、阿弥陀如来の私たちへの無限に大きな慈悲の恩徳を感謝しそれに報いることだと思いましょう。〕

とあります。

親鸞は「報」と「謝」とを合わせた報謝という言葉も使っています。「与えられた恩に感謝し、その恩に報いる行動をする」という意味です。実際のところ、この報謝は親鸞独特の言葉ではなくて、鎌倉時代に一般的な言葉です。この時代には感謝という言葉はありません。人々は感謝の代わりに報謝を使っていたのです。

報謝と感謝の違い　感謝と報謝とは同じような意味ですが、異なっているところもあ

ります。それは、感謝は恩を受けたときに「ありがとう」という気持を表します。「感じ」「謝する」のです。その気持を込めたお金や物を相手に差し上げることまでは要求していません。何も物がないときは労働でもいい、とにかく心を込めるだけではなく、受けた恩に見合うお金・物・労働を差し上げろ、ということは求めていません。それどころか、お金や物を差し上げると、ひとまず「そんなつもりではない、いりません」という言葉が返ってくるのが普通です。

しかし報謝は、お金・物・労働を差し上げることが要求されていました。それは押し付けや義務といった感覚で捉えられていたのではなく、当然のあり方として意識されていたのです。恩を受けたら、文字どおり感謝し、その恩にお金・物・労働でお返しをしなければいけなかったのです。現代のように、「ありがとう」と心を込めていうだけで済ませられることではなかったのです。あくまでもその心を形に表さなければならなかったのです。

「恩徳讃」　親鸞が八十五歳のとき作った『正像末和讃』全五十八首の最後に、有名な「恩徳讃」があります。

如来大悲の恩徳は
身を粉にしても報ずべし
師主知識の恩徳も

ほねをくだきても謝すべし

実はこの「恩徳讃」は、『唯信抄』を著した聖覚の「表白文」に、

倩《つらつ》ら教授の恩徳を思へば、実に弥陀の悲願に等しき者か。骨を粉にして之を報ずべし。身を摧《くだ》きて之を謝すべし。

〔よくよくお教えいただいたご恩について思いめぐらしてみると、これこそほんとうに阿弥陀仏の私たちを救おうという願いそのものの表れであると思われます。このご恩には骨が粉々になるほどの努力でお返しをしましょう。また体が砕けてしまうほどあらん限りの力を尽くして感謝しお返しをしましょう。〕

とある文がもとになっていると考えられます。

聖覚は吉水草庵時代の親鸞の法兄です。親鸞は聖覚の『唯信抄《ゆいしんしょう》』を高く評価し、何度も書写して門弟に与えました。七十八歳のときにはその解説書『唯信抄文意《ゆいしんしょうもんい》』を書いて門弟たちに与えたことは有名です。

親鸞の人格　ある布教者が新しい内容の信仰を持って、異なる社会環境の所へ行った場合、どのようにすれば布教の成果が上がるでしょうか。「あなた方の今までの信仰は間違っている。私の信仰こそ正しい。私の信仰はこんなにすばらしいのだ」と説いたところで、「ああ、それはすばらしいですね。今までの信仰は間違っていたのか。じゃ、そちら

に移ります」と言ってもらえるでしょうか。そんなことはないでしょう。理論で説明してもほとんど効果がないでしょう。彼らは新しい信仰を必要とはしていないのです。従来からの信仰で十分なのです。親鸞の場合だってそうだったはずです。ではどうすればよいでしょうか。

新しい信仰に入った結果、その人の生活が悪い状態になったり、家庭が崩壊したりでは、まったく意味がありません。いままでよりもよい日常生活が送れるとわかれば、親鸞の方に顔を向け、教えに耳を傾けてくれるかもしれません。そして結果的に多くの人々が親鸞に入門しました。私は、それらの人々は親鸞の人格に感動したのではないか、その魅力に惹きつけられて、その説く教えに耳を傾けるようになったのであろうと思います。

親鸞の人格とは、夫婦を、家族を、そして周囲の人々を信じようという性格です。さらには、人から受けた恩にも報謝しようという性格だったのではないでしょうか。いくら鎌倉時代でも、「報謝」を実行しない人もいたでしょう。人から恩を受けても、「ありがとう」だけで済ませてしまう人もいただろうということです。しかし親鸞は、人から受けた恩には必ずお金・物・労働でお返しをしただろうと思うのです。

親鸞と家族

人々は、親鸞の信頼から信心、報謝は、単に阿弥陀仏に対しているときだけではなく、家族にもそして初対面であった関東の人々にも同じように及ぼされていたであろうこと、関東の人々にはそれがとても魅力的だったのだろうと思うのです。信心の念仏・報謝の念仏に基づく家庭生活を送っている親鸞と恵信尼一家の魅力。そこに親鸞の信仰の魅力があったのではないでしょうか。教理の説明はそれからです。

親鸞が単独で関東に来るより、恵信尼という妻の存在が布教に大きな意味を持ったのであろうと思います。妻子のいる俗人としての状況が布教の実を挙げたのです。そして『教行信証』を執筆させたのです。これこそ在家仏教ということなのではないだろうかと、私は考えています。恵信尼がいることの意味はいかに大きかったかということです。親鸞だけでしたら、布教の成果は小さかったであろうと思います。

4　念仏布教における恵信尼の働き

恵信尼の努力

笠間郡は周囲の多くを山に囲まれています。自然の恵みの豊かな地域です。親鸞一家の生活費は宇都宮氏から保障されていたでしょうし、後になると門弟たちからの寄付も増えていったと推定されます。恵信尼は下妻の幸井郷で見た夢によって関東で暮らす決意を固めています。ということは、関東の地理的環境とそこに住む人々の心や習慣を理解しようと努めていただろうということです。

信念を持って行動

また恵信尼は佐貫荘での親鸞の千部経読誦とその中止に注目したように、信心の念仏を十分に理解できていた女性です。念仏布教活動を親鸞と一緒に行っていたのだろうと思います。ただしそれはいつも親鸞と同行して布教活動を行っていただろうという意味ではありません。恵信尼書状十通を読むと、晩年に書かれたものとはいっても、あまり心が揺れたりしている様子はありません。恵信尼はこうと決めたらその信念に従って行動する女性だっただろうと思います。念仏布教についても、親鸞の行うことを見ているだけではなく、自分も積極的に行っていたのではないだろうかと思います。草庵に来る人に説明したり、また子どもを育てる母、家庭を運営する妻としての女性から語られる教えには、男性の僧侶が語る教えとはまた別の魅力があったと思うのです。

女性が得意な分野

現代の真宗寺院に昔からの言い伝えとして語られているいろいろな話の中に、女性が救われる話があります。たとえば、言い交わした男が他の女性に心を移してしまい、嫉妬に狂った元の女性が男を殺そうとする話です。その女性を親鸞が救ってあげるという筋書きになります。あるいは、不信心な女性が子どもを残して死に、夜な夜な幽霊として現れて人々を怯えさせます。この女性も親鸞が救ってあげるのです。

これらの話を男性の住職さんが語るのを聞いてもなるほどと思うのですが、その寺の坊守さんが語るのを聞くと、とても感動することが多いのです。なぜかとその理由を考えてみると、男性が語ると嫉妬や不信心に重点が置かれがちなのですが、女性が語ると嫉妬せざるを得ない悲しみや子どもを残して亡くなった悲しみに重点が置かれ、その悲しみと救われた喜びが実感を以て迫ってくるのです。男性には男性の得意な分野、女性には女性の得意な分野があると思わざるを得ません。

以上は一例ですが、女性が男性に勝つとか、そのような意味ではなく、男性女性あいまって布教の実があげられるということがあるのだろうと思います。そういえば、もう二十年以上も前になりますが、アメリカ・コロンビア大学教授のバーバラ・ルーシュ教授が重要な見解を出されました。

「教えを説く女性」

ルーシュ教授は、「日本の仏教史研究では、「救う男性」と「救われる女性」という前提で研究がすすめられています。「女性は教えを説き、救う活動はせず、ただ男性の僧侶から教えを説かれ、救われるだけの存在とされてきました」という意味です。しかし実際には教えを説き、人々を救おうとする女性もいたのです」とし、その例として京都・宝慈院所蔵の無外如大《むげにょだい》という名の女性の禅僧座像を示されました。その座像の風貌から、これは男性の禅僧であると無批判に考えられてきたのですが、ルーシュ教授はきちっと調査した上で「思いもしなかった女性の禅僧像でした」と発表されたのです（バーバラ・ルーシュ『もう一つの中世像』思文閣出版、一九九一年）。ルーシュ教授は女性で、コロンビア大学の日本中世研究所の所長を長く務めた人です。日本中世文化史や宗教史に造詣が深く、多大の成果を上げてきました。

日本の最初の出家——女性——

ところで日本で最初に出家したのは男性ではなく、女性でした（高木豊『仏教史のなかの女人』平凡社、一九八八年）。『日本書紀』敏達天皇十三年条に、

蘇我馬子宿禰（中略）、司馬達等《たつと》の女《むすめ》嶋《しま》を度《いえで》せしむ。善信尼《ぜんしんのあま》と曰ふ。年十一歳。又、善信尼の弟子二人を度せしむ。其の一《ひとり》は（中略）名を禅蔵尼《ぜんぞうのあま》と曰ふ。其の二《ふたり》は（中略）名を恵善尼《えぜんのあま》と曰ふ。（原漢文）

〔蘇我馬子は司馬達等の娘の嶋を出家させました。名は善信尼で、年は十一歳です。また善信尼の門弟として、二人の女性を出家させました。その一人は禅蔵尼で、もう一人は恵善尼といいました。〕

当時、尼は仏に仕える女性という意味が強かったのです。それは男性より女性の方が適任と思われていたようです。

神仏に接する巫女

また平安時代から鎌倉時代にかけての巫女・遊女の存在が注目されます。現代の巫女は神社の神主の補助的な仕事をしています。平安・鎌倉の巫女は、人々の願いを神に伝え、神の意向を人々に伝えるという働きをしました。巫女は女性です。

しかし彼女たちがどのような姿でどのような宗教活動を行っていたのか、詳しい様子はよくわかっていません。一般人の目に触れない場所で、秘密のうちに神仏と接する活動を行っていたからであると思われます。

鹿島神宮には、古代から巫女を出す物忌《ものいみ》という家があって、少なくとも江戸時代の物忌家は文書・記録などを残しています。しかし巫女の姿や仕事については一切、記録がないのです。おそらく、それらは口伝とし、文字にして述べることはしなかったのでしょう。

このように巫女の文字史料は少なく、絵画史料にしても鎌倉時代末期に制作された『春《か》日《す》権《が》現《ごんげん》験《げん》記《き》』に描かれているのが初見です。その少ない文字史料の中で、後白河法皇が治承三年（一一七九）に編集した『梁塵秘抄』に次のようにあります。藤太《とうた》というのは巫女の名前です。

鈴は亮振《さやふ》る藤太巫女　目より上にぞ鈴は振る
ゆらゆらと振上げて　目より下にて鈴振れば
懈怠なりとて　忌忌《ゆゆ》し　神腹立ちたまふ

〔巫女の藤太はさわやかに鈴を振ります。鈴は目から上で振るのです。ゆっくりと振り上げて、目から下で鈴を振って鳴らすと、「怠けているな。その態度を慎みなさい」と神様はお腹立ちになります〕

神は、ふだん、天上にいるとされていました。巫女が鈴を振って、その音で、降りてきてもらうのです。やがては神が巫女に取り付いてお告げを伝えることがあります。長時間（たとえば二時間くらい）鈴を振り続け、そのリン、リン、リーン、リーンと鳴り続ける音によって巫女が陶酔境に入り、突然神がかりするということがあるそうです。

今様が大好きだった後白河法皇

『梁塵秘抄』は、当時の流行歌である今様を歌うことが大好きだった後白河法皇が、その師匠である年配の遊女から教えてもらった今様をまとめて本にしたものです。即位する前の法皇は、その乙前という名の遊女のもとに通って今様の歌い方を習いました。彼は今様を歌うのが好きで好きで、夜を徹して歌って、とうとう喉が腫れて湯水を飲むのに苦労しながらも歌い続けたと、『梁塵秘抄口伝集《りょうじんひしょうくでんしゅう》』にあります（植木朝子『梁塵秘抄の世界』角川学芸出版、二〇〇九年）。この書物は法皇の著書です。

神仏に近い遊女

また遊女は、現代から見ると、複数の男性を相手にする売春婦だったんだ、いやしい職業の女性だったんだと思ってしまいます。確かに遊女はそのような仕事もしていました。遊女はそのころ、「あそびめ」と呼ばれていました。「あそび」ともいいました。「あそび」の意味は、現代的な遊興ということに加えて、神仏に仕える行いという意味もあったのです。遊女は、神仏に近い神聖な存在でもあったのです（佐伯順子

『遊女の文化史』中央公論社、一九八七年）。ちなみに、一人の男を相手にして家庭を持つ女性と、不特定多数の男を相手にして家庭を持たない女性とは、社会的に差をもって見られることはありませんでした。

遊女には、男性の姿をして舞う白拍子《しらびょうし》もいました。白拍子は舞女《まいめ》とも呼ばれていました。遊女はきれいな声で魅力的に歌えることが第一に重要視されたのですが、舞を得意とする遊女もいたのです。

「母舞女」の大納言

古代・中世の貴族の系図集でもっとも重要な『尊卑《そんぴ》分脈《ぶんみゃく》』をひもとき、藤原氏などの上級貴族の系図を見ていくと、非常に興味深い事実に出会います。そのような人々には、簡単にですが経歴や母親のことが記してあることがあります。そして「母白拍子」とあったり、「母舞女」とあったりするのです。

たとえば、正安《しょうあん》元年（一一七一）に亡くなった藤原（洞院《とういん》）公尹《きんただ》は権中納言正二位に昇りましたが、そこに「母白拍子　無量《むりょう》」と記されています。「公尹の母親は白拍子で名前は無量という女性であった」、という意味です。永仁六年（一二九八）に亡くなった藤原（徳大寺《とくだいじ》）実藤《さねふじ》は権大納言正二位で、「母舞女」とあります。従二位であった藤原（阿野《あの》）公寛《きんひろ》にも、「母舞女」と付記されています。

後世の感覚ですと、「え、そんな卑しい女性が母親でも大納言や正一位になれたのか」

と思ってしまいます。そのころの貴族たちが恥じていない証拠に、堂々と記されているのです。「これはまずい」と思ったら、書かなければよいのです。しかし平気で書いてあることの重要性は決して軽くありません。

男舞の白拍子

白拍子は、『平家物語』巻第一「妓王」に、

はじめは水干《すいかん》に立烏帽子《たてえぼし》、白鞘巻《しらさやまき》をさいて舞ひければ、男舞《おとこまい》とぞ申しける。しかるを中比《なかつころ》より烏帽子刀をのけられて水干ばかりを用ゐたり。さてこそ白拍子とは名付けれ。

〔最初は男性の私服である水干を着、頭には高く立てた烏帽子を被り、白く短い刀を差して舞いましたので、「男舞」といいました。途中から、烏帽子と刀を止めて水干ばかりにしました。それで白拍子というようになったのです。〕

とあります。

鎌倉時代の社会で、烏帽子を被り刀を差すことは、自立した大人であることを示していました。白拍子はそれをまねたといいます（細川涼一『平家物語の女たち――大力・尼・白拍子――』講談社、一九九八年）。右の文中の「舞」は、「踊り」に対して静かな動きを指します。そして舞そのものよりも、声のきれいな歌が尊重されていました。

静御前の凛々しさ

『平家物語』には、平清盛が寵愛した仏御前《ほとけごぜん》や、その他の白拍子

のことが記されています。彼女たちは誇り高く生きていました。その一人に源義経の妻である静《しずか》御前がいます。彼女は白拍子です。

平家を全滅させた源氏の中で、すぐ源頼朝と義経との仲の悪さが表面化し、文治元年（一一八五）頼朝は後白河法皇を動かして義経を朝敵として追い回します。逃げる義経は、途中吉野山に入らざるを得なくなり、一緒に来た静御前と別れなければならなくなります。吉野山は女人禁制《にょにんきんぜい》だからです。泣く泣く別れた静は、やがて頼朝方に捕まり、鎌倉へ連れてこられます。頼朝は鶴岡八幡宮の舞殿で静に白拍子の舞を奉納させようとします。頼朝の天下が早く来るようにとの心を込めて歌い、舞うことを強制しました。初めのうちは断っていた静ですが、やがて承知し、大勢の武士たちが見守る中で歌い始めます。今様ではなく、和歌でした。『吾妻鏡《あづまかがみ》』に次のようにあります。

よしの山　みねのしら雪　ふみ分けて
　いりにし人の　あとぞ恋しき

〔吉野山に、峰に積もっている深い雪を踏み分けながら入っていったあの人のことが、とても恋しい〕

いうまでもなく、義経を慕う歌です。このような場所で歌ってはいけないのです。武士たちは驚いたでしょうが、権力者で夫の敵頼朝を恐れない静の凛々しさに感動もしたと思います。また静は舞の最後に次の歌を歌いました。

しづやしづ　しづのをだまき　くり返し
昔を今に　なすよしもがな

「をだまき」は、身分の低い人たちが機織りの糸を繰るときに使います。これは手に握ってくるくる回すようにして使います。一瞬のうちに前の場所が戻ってきます。それと同じように、「夫義経と頼朝が親しかった昔の時代を現在に持ってくる方法はないものでしょうか」。つまり、静は政治姿勢を正面から批判したのです。それをごく自然に、堂々と歌ったのです。

武士たちは感動して、これから半世紀後に『吾妻鏡』を編集するとき、頼朝批判の歌など載せなくてもいいのに、わざわざ掲載したのだと思われます。

このように巫女や遊女を見てくると、女性の社会的な強さと、宗教における重要性が思われます。男性より重要な役割を果たしていたことがわかります。言ってみれば女性の方が神、そして仏に近かったのです。

主体的な生き方の恵信尼と坊守

以上のような女性の家庭的・社会的・宗教的立場の強さを背景にして、親鸞の妻の恵信尼がいたのです。恵信尼を頼って質問をし、相談を持ちかける女性、それから男性も多かったのではないでしょうか。それに対して適切に応え、また導いたであろう恵信尼は、関東の人々にとても好ましい印象を残したと思います。それが後述するような恵信尼画像・恵信尼木像を多く制作した結果となって今日に伝えられているのだろうと思います。

親鸞以降の浄土真宗では、住職に妻がいることが慣例となりました。それは恵信尼の存在により、住職には妻がいた方がよいと考えられたからでしょう。間もなく、その妻は坊守と呼ばれるようになりました。浄土真宗史では、恵信尼は親鸞に寄り添って生きてきたとのみ、理解されることが普通でした。その限りで現代の坊守の生き方の手本であるとされてきました。しかし実際の恵信尼は、もっと主体的な生き方をしていたのではないかと思うのです。誤解を恐れずに言えば、親鸞が入り込めなかった分野に入り、人々に強い影響を与えたのではないでしょうか。それに感動した人たちが住職の妻を「坊守」として意識するようになった、そこに真宗の坊守の原型があるのではないかと私は考えています。

5　『教行信証』の執筆

「文類」と読み替え　『教行信証』という名称は通称です。『教行証文類《もんるい》』という通称もあります。浄土真宗教団内では『本典《ほんでん》』と呼ぶことも多いです。本来の名称は『顕浄《けんじょう》土《ど》真実《しんじつ》教《きょう》行《ぎょう》証《しょう》文類《もんるい》』です。「極楽浄土が確かにあるということを顕かにするほんとうの教えと、そのための行いと、極楽が存在するという証拠を、経典類から抜き書きした文章を集めた本」という意味です。現代風にいえば小説やエッセイ、日記、戯曲《ぎきょく》などという文字を使った作品の分類の一つに、この時代には「文類」があったのです。「経典（古典）からの抜き書き集」ということです。

この時代には、「私はこのように思う」と主張しても説得力はありませんでした。「経典（古典）にこのように書いてある。だから私は正しい」と主張しなければなりません。そのためには何万巻もある経や、その体系的に教義を定義づけた論、経や論の解説書である疏などを読み、自分の考えを理論づけてくれるような文章を取り出し、それを自分なりに解釈し、読み方も自分なりの読み方をし、一冊の本にまとめるのです。読み方を自分なりの読み方にするのは公に認められていました。これを読み替えといいます。鎌倉時代、新しい考え方で仏教を組み直そうとした僧侶たちの多くは、この読み替えを行っています。

『教行信証』の執筆

さて親鸞が懸命に文章を集めて作成した『教行信証』には、もちろん親鸞自身の文章も書き込まれています。その中に「元仁《げんにん》元年（一二二四）」という文章があり、このときにできあがったのではないかと言われています。それが現存唯一の親鸞自筆本である「坂東本《ばんどうぼん》『教行信証』」です。しかしその後も推敲や加除を加えていき、最終的に親鸞七十五歳の宝治《ほうじ》元年（一二四七）二月五日までには完成したのであろうと推測されています。それはこの日、親鸞の従兄弟である日野信綱《のぶつな》（尊蓮《そんれん》）に書写させているからです。正確にいえば、完成というより、「これでよし」と親鸞が納得したということでしょう。尊蓮は親鸞七十二歳のときにも、『弥陀経義集』を書写させてもらっています。親鸞は宝治二年（一二四八）には『浄土和讃』と『高僧和讃』を著し、二年後の建長二年（一二五〇）には『唯信抄文意』を著しています。いずれも門徒に与えたもので、親鸞の関心は変化している気配です。

稲田神社で仏教書を読む

この坂東本『教行信証』は、稲田草庵で書かれたとするのが妥当でしょう。ここにはもっとも長く住んだ所と考えられます。それに稲田神社の存在があるからです。『延喜式』「神名帳」によれば、常陸国には大社が七社ありました。それがすべて名神大社でした。七社も名神大社がある国は珍しいです。このような神社には多くの僧侶がいて、仏教経典もたくさんありました。むろん大寺院も多く、現在、国分寺と国分尼寺の跡が揃って国指定の特別史跡になっているのは常陸国の両寺院だけです。

常陸国の名神大社は、鹿島神宮（鹿嶋市）・大洗《おおあらい》磯前薬師《いそざきやくし》菩《ぼ》薩明神社《さつみょうじんじゃ》（東茨城郡大洗町）・酒列《さかつら》磯前薬師菩薩神社（ひたちなか市）・静《しず》神社（那珂市）・吉田神社（水戸市）・筑波《つくば》山《さん》神社（つくば市）そして稲田神社でした。これらの神社には、どこでも仏教書がたくさんありました。

稲田神社の拝殿・本殿と奥の院

現代の西念寺の参道入り口は、国道五〇号の旧道と新道とが合流する地点にあります。

その旧道を北西の方向に向かって三百五十メートルほど進むと、左側に稲田神社の大鳥居があります。大鳥居をくぐってまもなく、小高い丘があります。稲田山《いなださん》です。それは左右に広がっていて、左の方がなだらかな道をたどって頂上に至ります。右の方は間もなく麓となります。

鳥居の奥の階段を登ると稲田神社の拝殿があります。拝殿の奥に本殿があります。祭神は奇稲田姫命《くしいなだひめのみこと》という女性の神様です。西念寺は稲田山の中腹を背にしている形です。稲田草庵の位置は、地形から判断して現在の西念寺の位置にあったと考えてほぼ間違いないだろうと思います。

稲田神社の拝殿・本殿のところから左の西の方へ、ずっと稲田山が続いています。山の中を三百メートルほど歩き、それから北に向かってまた三百メートルほど右側の低地を大回りするように歩いていくと、そこに稲田神社の奥の院があります。ここが稲田神社の本宮跡です。現在では神宮寺と呼ばれています。

奥の院が神宮寺と呼ばれるようになったのはいつの時代からか未詳ですが、この神宮寺に観音菩薩立像が伝えられています。一木造りで高さ八十一センチメートル、漆箔像（漆を塗った上に金箔を押す）、平安時代中期の作と推定されています。笠間郡は古い時代からの文化が豊かな地域なのです。

さて、宇都宮頼綱のお声がかりであれば、親鸞が稲田神社の仏教書を読むのは容易です。親鸞にしてみれば稲田神社の各建物に所蔵されている書籍を読みに行ったり、そこで抜き書きを作ったりするのは非常に楽だったはずです。何せ自宅のすぐそばですから。また書籍を借り出してくることも困難ではなかったと思います。家庭の作業をしながら、子どもの面倒をみながら、赤ん坊を背負いながらでも、研究ができたものと思われます。

博士家出身の恵信尼

また恵信尼も貴族の三善家という博士家の出身ですので、少女時代には漢文の書物が身近にあったろうと思われます。恵信尼も漢文が読めたのではないでしょうか。また信心に関して深い造詣のある恵信尼ですから、親鸞の教義上の話し相手になることもあったろうと思います。少なくとも、二十四輩などの有力門弟たちと同じ程度には教義を理解していたのではないでしょうか。何せ、貴族の妻の資格は、夫の話し相手になれるということでしたから、遠く関東に来ているとはいえ、恵信尼はその意識を持ち続けていたと考えて大きくは外れていないでしょう。

『教行信証』は直接的には親鸞が執筆したものであり、親鸞の名前で今日まで伝えられています。しかし恵信尼がいなければできあがらなかったことは間違いないでしょう。親鸞との家庭生活を維持し、また信心が何たるものかもよく理解していて親鸞の執筆を助けたのです。『教行信証』は親鸞と恵信尼の共同制作であったと理解すべきだと思います。

6　親鸞五十九歳のときにもう一度信心が揺らいだこと

親鸞の病気

布教の成果は上がって門徒は増え、『教行信証』も執筆し（完成ではありませんが）、翌年には京都に帰ろうという五十九歳のとき、親鸞は再び信心が揺らいだと恵信尼は伝えています。恵信尼書状第五通によれば、寛喜《かんぎ》三年（一二三一）四月十四日の昼十二時前後から、親鸞は風邪気味になってしまいました。その夕方には床で横になるほどでした。病状はしだいに重くなり、高熱が出て、頭もとても痛かったようです。その状態が四日続きました。親鸞は病気になっても薬は飲まず、看病されるのも嫌った人でした。それらは自力の行いと考えていたのかなと思います。二十年間も比叡山で修行した親鸞が、医学の知識がなかったはずはありません。医学は比叡山で学ばなければいけない重要な分野の一つでしたから。

『無量寿経』の読誦と中止

四日目に、心配してそばに付き添っていた恵信尼は、苦

しそうに横になっていた親鸞が突然、
　まはさてあらん。
〔もう、そうしよう。〕
と言うのを聞きました。驚いた恵信尼が、「どうしたんですか。世間で言うわごとをおっしゃっているのですか」と訊ねたところ、親鸞は「うわごとではありません」と答えて、「まはさてあらん」と言った理由を説明し始めたのです。
　ふして二日と中日より、大きやうをよむ事ひまもなし。たまたまめをふさげば、きやうのもんじの一時（字）ものこらず、きら〻かにつぶさにみゆる也。さてこれこそ心へぬ事なれ。念仏の信じんよりほかには、なにごとか心にか〻るべきと思て、よくよくあんじてみれば、
〔横になって二日目という日から、『無量寿経』を暇もなく空で読んでいました。ふと目を閉じると、『無量寿経』の文字が、一字も残らず、きらきらとはっきり見えるのです。これはこれは。これは納得がいかないことだ。阿弥陀仏の本願を信じて念仏を称えること以外は、何も心にかけてはいけないはずなのになぜだろうと思って、じっくり考えてみました。すると思い出しました、〕
ということだったのです。そして越後から関東へ移住してきた途中の佐貫荘での三部経千

回読誦と、それを中止したことを思い出し、やはり止めなければと「もうそうしよう、やめよう」と言ったというのです。

寛喜の大飢饉

親鸞五十九歳のときには何があったのでしょうか。やはり親鸞自身のことではなく、周囲の社会や人々の問題でしょう。おりから社会では後世に寛喜の大飢饉と呼ばれた、天候不順によるひどい状況――飢饉《ききん》や疫病――が発生していました。この様子を、藤原定家の『明月記』には、夏に雪が降ったとか、冬に蝉《せみ》が鳴いたとかの天候不順と、作物の大不作を伝えています。

親鸞は、今度は浄土三部経読誦ではなく、三部経の一つである『無量寿経』の読誦を始めたのです。四十二歳のときと同様の目的で読んだことは明らかです。ところが親鸞の声は恵信尼には聞こえていなかったのですから、親鸞は夢の中で読んでいたことになります。しかし高熱の状態ながら、親鸞自身の意識では頭ははっきりしていて読み続けました。目を閉じてみても、開けてみても、同じように経典の文字が一字残らず「きらゝかにつぶさに」見えたというのです。魅力的な『無量寿経』。このときの親鸞の興奮、経典に引き込まれる思いが、書状を読む者を圧倒します。

自力と他力

この一心不乱に『無量寿経』を読誦する日が四日続き、親鸞はふと「これは何かおかしい」と気づいたのです。「そうだ、あのときと同じじゃないか」と佐貫荘での三部経読誦を思い出し、「『無量寿経』を読むのを止めなければと思ったのです。人間の自力への執着心はほんとうになくならないものだ、気をつけなければと強く思ったのです。前掲書状に、

されば猶もすこしのこるところのありけるや、人のしうしん、じりきのしんはよくよくしりよあるべしとおもひなしてのちは、きやうよむことはとゞまりぬ。

〔ですから、自力に頼る心はすっかりなくしたと思っていましたのに、なお少しその心が残っていたんでしょうね。人間の自力への執着心や自力の信について、十分に考えなければなりません。そのように思ってからは、経典を読むことは中止しました。〕

とあります。親鸞は「まはさてあらん」と言った後に汗が出て熱が下がり、風邪が治りました、と恵信尼は述べています。

親鸞の今度の『無量寿経』読誦の舞台はどこだったのでしょうか。場所は記してないのですが、稲田だったと推測されます。佐貫荘のように旅の途中ではなく、普通の生活の中においてであったので、特に記さなかったと思われます。

恵信尼の記憶――夫の信心と夫婦の絆――

ところで恵信尼書状全十通の中で、関東での生活について述べてあるのは第三通・第五通・第六通という三通だけです。第六通は

とても短く、しかも第五通の内容の訂正です。第三通と第四通は非常に長い記述です。その中で、関東についての記述の大部分が、三部経千回読誦と『無量寿経』読誦、そして常陸国下妻での夢のことです。いずれも風景のことなどではなく、恵信尼の深い気持が推し量られるようなことが細かく書いてあります。夫の念仏の信心と夫婦の絆です。ということは、後年の恵信尼が関東での生活の中でもっとも重要なこととして思い出すのは、この二種類のことだったということになります。

五十九歳以降の親鸞は、念仏への信心が揺らぐことはなかったでしょうか。恵信尼はそれについては何も書き残していません。その後はどうだったのでしょうか。

四、関東に残った恵信尼のイメージ

1　恵信尼の画像と木像

古い画像と木像　恵信尼は、五十一歳以降に関東から越後に移住します。おそらく、親鸞の帰京後まもなくでしょう。では、恵信尼は関東の人たちにどのような印象を残したのでしょうか。以下に、全国に残る恵信尼の古い画像・木像をあげてみましょう。「古い」という意味は、中世に制作されたということです。普通、江戸時代は「近世」という時代区分に入れてしまいますけれども、江戸時代初期の寛永《かんえい》年間（一六二四～一六四四）までの社会・文化には、中世の気配が色濃く残っていました。そこで、ここでは江戸時代初期と推定される画像・木像も採用しています。

画像：笠間市稲田・西念寺蔵、室町時代
　水戸市酒門町・善重寺蔵、江戸時代初期
京都市龍谷大学図書館蔵、戦国時代（もとは関東にあったと伝えられています）
笠間市笠間・光照寺蔵「女人往生証拠の御影」室町時代

他に、戦国時代の制作と推定されている新潟県上越市・福因寺の覚信尼像があります。実は覚信尼画像である確証はなくて、恵信尼画像ではなかったかという説もあったそうです。近代に関東から持ち込まれたそうです。像主（描かれている人）の名を確定するのはむずかしいものです。

木像：笠間市稲田・西念寺蔵、室町時代
　結城市結城・称名寺蔵、江戸時代初期
別府市風呂本・永福寺蔵、室町時代（大正年間に稲田・西念寺から移りました）

にこやかで穏やかな姿

これらの画像と木像の特色は二つあります。それは第一に、すべてにこやかで穏やかな老年の尼姿であることです。第二に、すべて、もとは関東で制作されていることです。それ以外の地域で制作された恵信尼の古い画像・木像は発見されていません。

これらの画像や木像から見えてくることは、恵信尼は貴族の女性として受けた教育（他人から見える労働をしてはいけない）を超え、プライドを乗り越えて、越後から関東での生活に耐えうる能力を身につけ、育児や家事をこなし、また夫の門弟たちにも好感をもたれる態度を維持し続けたということです。その中には信心に基づく念仏を保ち続けたこともあるでしょう。信仰面でも周囲の者や門弟たちに尊敬されたからこそ、多くの「にこやか・穏やか」な画像・木像が作られたものと推定されます。それらの画像・木像の残り具合からいえば、かつては非常に多くの画像・木像が作られたと推定することができると思います

2　玉日伝説の発生

『親鸞聖人御因縁』の説　親鸞の妻は関白九条兼実の娘で名は玉日、高貴な生まれでしたという話が昔から伝わっています。この話は、室町時代の成立と推定されている『親《しん》

鸞聖人御因縁《らんしょうにんごいんねん》』とその後にできたと考えられている『親鸞聖人御因縁秘伝鈔』がもとになっています。まず『親鸞聖人御因縁』には、次のようにあります。文中、月の輪といえば関白九条兼実のこと、円照という名（実は法名）も兼実のことです。ただし、「月輪の法皇」とあるのはおかしなことです。建仁年間の法皇といえば後白河法皇のことですが、すでに亡くなっています。その孫の後鳥羽上皇が権力を握っていました。「月輪の法皇」というのは、九条兼実を指しているつもりでしょう。

建仁元年十月のころ、月輪の法皇、黒谷の御庵室に御まいりありて（中略）御弟子すでに三百余人ましまし候なかに、円照ばかり在俗にて候、ひじりの念仏とわれらが念仏とのかはりめや候はんと勅定ありければ、（『真宗史料集成』第七巻。もとの片仮名は平仮名に改めた）

〔建仁元年十月のころ、九条兼実は黒谷にある法然上人の草庵に参詣されて次のように言われました。「お弟子がもう三百人あまりもいらっしゃる中で、私だけが俗人です」。出家して聖になっておられる方々の念仏と、私の念仏とでは効果に差があるのではないでしょうかとおっしゃったので、〕

黒谷とは比叡山の法然の出身地ですが、法然はこのときにはもう比叡山を下りて京都東山草庵を構えています。

そこで法然は、「念仏にはまったく差はありません」と答えました。そこで兼実は、

御弟子のなかに一生不犯の僧を一人たまはりて、直に在家になしたてまつらばや。

「法然上人の御弟子中で今まで女性との交わりをまったくしていない僧を一人いただき、すぐ俗人になっていただきます」と言ったといいます。

すると法然は親鸞を指名したのです。俗人の念仏でも極楽往生できるなら、親鸞で試してみようということになったというわけです。親鸞は涙を流し、今まで女性と交わったことはないと抵抗するのですが、結局俗人にさせられて、女性と結婚させられることになりました。前掲書に、

親鸞ちからおよばず、禅定法皇と同車ありて、五条西の洞院殿にましましたまひけり。その夜やがて法皇の第七のひめみや玉日のみやとまうす御むすめとあはせたてまつり、

〔親鸞は抵抗しきれず、兼実と同じ車に乗って五条西の洞院の兼実の屋敷に行かれました。その夜すぐに兼実の七番目の娘の玉日宮という女性と結婚させられました。〕

とあります。

五条西の洞院には、確かに九条兼実の屋敷がありました。でもその兼実らしい人を法皇と言ったり、勅定という言葉を使ったり、法然は東山の吉水にいるのに、黒谷と言ったり、

話の背景が厳密ではありません。京都の人たちだったら、このような誤りではすぐさま拒否してしまうでしょう。『親鸞聖人御因縁』の筆者も読者も、京都のことをあまり知らない人たちだったのだろうと思わざるを得ません。そして研究者は、本書は室町時代に東国で作られたのだろうと推定しています（宮崎円遵『初期真宗の研究』永田文昌堂、一九七一年）。

それに九条兼実のような藤原摂関家では、誕生した娘はすべて天皇のお后候補なのです。娘は全部天皇の后にして皇子を生んでもらい、やがてその皇子を即位させて天皇とし、無数の中下級貴族を含んだ一家の繁栄をはかるのです。娘を苦心惨憺の末に天皇の后にしても、皇子が誕生しないこともよくありました。

九条兼実も娘（任子）を天皇の后にしたものの、皇子が誕生せず、時期を置かずに競争相手（土御門通親）の娘（在子）に皇子が誕生し、その皇子が即位して土御門天皇となって九条家が不幸のどん底に落ちるということを、建久七年（一一九六）から同九年にかけて経験しています。それでも、九条家は一家・一門の繁栄のためにまた同じ方法で立ち上がらざるを得ないのです。兼実の父忠通《ただみち》など、娘が足りないと養女をもらって天皇に嫁がせています。でも皇子は生まれませんでした。このようなことは、京都に住む識者ならすぐわかることです。九条兼実が自分の娘を中下級の没落貴族の息子、しかも僧侶の親鸞と結婚させることなどあり得ないのです。

京都の事情に詳しくない者が執筆したとはっきりわかる、あいまいな史料で玉日の実在をいうことはできませんし、まして親鸞と結婚したということは考えられません。江戸時代には親鸞と玉日の結婚をいう書物がいろいろ現れますが、歴史学の研究でもっとも大切なのは、その史料は信用できるか、どの程度使ってよいかという史料批判です。どんな史料でも使っていいというのでは研究になりません。正しい歴史事実を求めることはできません。

『親鸞聖人御因縁秘伝鈔』の説　少し後の時期に書かれたと推定される『親鸞聖人御因縁秘伝鈔』では、さすがに歴史上の事実の誤りは訂正されています。

・「月輪禅定法皇」（『親鸞聖人御因縁』）→「月輪の禅定殿下」（『親鸞聖人御因縁秘伝鈔』。「殿下」は摂政・関白の尊称）
・「黒谷御庵室」→「吉水の御坊」
・「玉日のみや」→「玉日の御方」

と訂正しています。また「勅定」・「三十八（歳）」は使っていません。

玉日の話は、恵信尼に好意を寄せる東国の門徒たちが、「恵信尼様は摂関家である九条兼実の家来の貴族の娘ではなく、実は兼実その人の娘だったんだ、三善家よりもっと高貴の家の出身だったんだ」と話を大きくしたのではないでしょうか。そのように大きくしても、東国の誰も困らないし、その噂を確認する知識も文献もありません。また「そんなに高貴な家の出身だったんだ」とむしろ歓迎したと思います。京都ならば、いろいろ詳しい人たちも多く、真偽を調べることもできたでしょう。九条家や貴族の人間関係に詳しい人、興味のある人も多くいたであろうからです。しかし東国ではそのあたりの確認は無理としか言いようがありません。また関心もなかったと思います。

玉日伝説は、どこを尊重すべきか

このようにして玉日伝説は作られ、独り歩きしていったと推定されます。この話は、事実ではありませんが、玉日を崇拝した人々が多くいたこと、また現在もいることは歴史的事実です。私は玉日に関する話は完全に消し去るべきだとは考えていません。ロマンの心で、玉日に憧れのような気持を抱いてきた人たちの気持は、そのまま尊重すべきであると思います。ただ、それが歴史的事実だと主張しても意味がないだろう、言い伝えでいいではないかと思うのです。

第四章　恵信尼の越後移住

一、親鸞の帰京

1　親鸞の帰京

明恵、法然を非難　貞永《じょうえい》元年（一二三二）、親鸞は六十歳になりました。彼はこのころ京都に帰りました。この年一月には高山寺《こうざんじ》の明恵《みょうえ》が亡くなりました。明恵は生前の法然をとても尊敬していました。法然は戒律を厳しく守っていたからですし、『選択本願念仏集』は公開されておらず、法然の教学を詳しく知らなかったからでもあります。

しかし明恵は、建暦二年（一二一二）一月、法然が亡くなってから出版された『選択本願念仏集』を読んで愕然としました。そこには極楽往生のためには発菩提心《ほつぼだいしん》（悟りを求めたいという心を起こすこと）は必要ないとか、いままで劣行（たいした効力のない行）とされていた称名念仏が、唯一でもっともすばらしい勝行（成仏または悟りのための優れた行）とされていたからです。従来の仏教の基本が捨てられていると感じた明恵は、『摧邪《ざいじゃ》輪《りん》』を著して法然を激しく非難しました。俗にいう「かわいさ余って憎さが百倍」の心境だったようにみえます。

明恵は親鸞と同い年です。稲田にいた親鸞は、明恵のことを聞いていろいろと思うことがあったに違いありません。反論しなければなりません。法然の『選択本願念仏集』は、称名念仏を選択したことに歴史的意義があるのです。それを理論的に正しいと説明するのは親鸞たち法然の門弟の役目です。『教行信証』の執筆は、明恵に代表される京都・奈良の学僧たちに専修念仏の正しさを理解してもらえるような本を書きたい、という気持が入っていたと思われます。

帰京の理由――幕府の念仏禁止を逃れて――

親鸞帰京の理由としては、従来からさまざまに説かれています。その一つに、鎌倉幕府の専修念仏禁止令を逃れて、という説があります。現代に出版されている年表には、安易に「幕府、専修念仏を禁止」と書かれていることが多いです。では実際、幕府ではどのように言っているかを見てみましょう。

たとえば、親鸞六十三歳の文暦《ぶんりゃく》二年（一二三五）七月十四日、幕府は「念仏者の事」として、次のような命令を出しています。

道心堅固《どうしんけんご》の輩においては、異儀に及ばず。しかるに或いは魚鳥を喰らい、女人を招き寄せ、或いは党類を結んで、酒宴を恣《ほしいまま》に好むの由、遍く聞こえ有らば、（中略）鎌倉中を追却《ついきゃく》せらるべし。（原漢文）

〔きちっとした仏道の心を持っている者は問題ありません。しかしながら魚や鳥を貪り食べ、女性と遊んだり、仲間を作って酒を飲んでおおいに遊んでいるという話が各所から聞こえてきたならば、鎌倉から追い出しなさい。〕

念仏者をすぐに逮捕せよとか、念仏を禁止せよとか言っているのではありません。それも問題のある念仏者がいれば、鎌倉から追い出せ、と言っているだけです。

また同年七月二十四日では、次のようにあります。文中、「関東」というのは鎌倉幕府のことです。

念仏者と称して黒衣《こくえ》を着するの輩、近年都鄙《とひ》に充満し、諸所を横行し、ややもすれば不当の濫行《らんぎょう》を現すと云々。尤も停廃《ちょうはい》せらるべく候。関東においては仰せ付けらるに随ひ、沙汰いたすべく候。

〔念仏者と称して黒い衣を着ている者たちが、最近都や田舎に多くいて、各地を勝手に歩き回り、どうかすれば人々に悪さをしている、という話です。止めさせましょう。鎌倉幕府では（朝廷から）依頼があったようにいたしましょう。〕

よく読めばわかるように、幕府では念仏そのものを禁止しているのではないのです。念仏の価値は十分にわかっているのです。貴族と同じように、念仏を否定することはできません。

また「暴れたり悪いことをして社会問題になっているそうだ」、と誰から聞いているかと言えば、朝廷からです。幕府では「乱暴な行動をしているのは、鎌倉から追い出せ」と言っているだけです。幕府は鎌倉以外の地で念仏者が何をしようが、法的には手を出せなかったのです。それに幕府領ならともかく、豪族たちの領地へ念仏者を逮捕に行くことなどできません。幕府にそのような権限はありません。まして念仏者云々を幕府に指令してきたのは朝廷です。親鸞が関東を逃げてそのお膝元の京都へ移ろうなどと思うはずがありません。

帰京の理由――『教行信証』の完成―― 親鸞が京都へ帰ろうとした理由といわれている二つめが、『教行信証』を完成させるため、です。『教行信証』は親鸞七十五歳のころに完成といわれています。

帰京の理由――『西方指南抄』の編集―― 三つめが法然の手紙などを集めて『西方指《さいほうし》南抄《なんしょう》』を編むためという説です。『西方指南抄』の親鸞最初の自筆本は彼の八十五歳のときです。帰京後二十数年経っています。この本を編集するために帰京したのだろうというのは、無理です。それに『西方指南抄』は親鸞ではなく、他の別人の編纂という説が有力です。

帰京の理由——還暦で故郷が懐かしい——

ところで私たちは、親鸞は九十歳で亡くなった、京都に帰ってから二十年ある、あの親鸞はその三十年をどのような目標を持って生きようとしたのかと、つい思ってしまうのです。しかしそのころの平均寿命は四十二、三歳です。誰も、親鸞自身も、あと三十年、九十歳まで生きるとは思わなかったはずです。「三十年先を見通した計画」など立てるはずがありません。従来から小さい声で言われていた、還暦が近づいた親鸞は、子どもから青年時代を過ごした故郷に帰りたかっただけなのではないか、という説に私は魅力を感じます。「このような立派な目的だったのだ」と親鸞に精神的負担をかけるのは気の毒です。

ちなみに、日本の全国的な平均寿命が発表されたのは明治三十五年（一九〇二）です。（厚労省「生命表」）そのときの男性の平均寿命は四十二・八歳、女性は四十四・三歳です。平均寿命が五十歳を越えたのは昭和二十二年（一九四七）だそうです。親鸞のころの平均寿命が四十代前半なのは驚くにはあたらないということです。そしてまた親鸞九十歳、恵信尼八十七歳（以上）というのは、夫婦そろって驚嘆すべき長命、生命力の持ち主であったといわねばなりません。

親鸞は一人で帰京――「夫婦はいつも一緒」という慣行はない――

親鸞が京都へ帰ったことについて、家族を伴ったかどうかも注目されてきました。そして識者のほとんどは「妻や子どもたちという家族を伴った」という意見でした。その理由は、「ここで家族を破壊する何の理由があるのか」というものでした。しかし私は親鸞は一人で帰ったとすべきだろうと考えています。その理由は、第一に、当時夫婦は一緒にいなければならないという慣行はなかったことです。男性が遠くに移住するときには、妻は同行しないのが普通です。

親鸞は一人で帰京――生活費はない――

第二に、親鸞が家族全員で京都に帰ったとして、どのように生活できるのでしょうか。生活費や住む所はあるのでしょうか。親鸞の実家（日野有範家）は破滅状態です。恵信尼（五十一歳）の実家は親の代というより兄弟の代でしょう。彼らが二十数年ぶりで帰京した大家族の面倒をみてくれるでしょうか。恵信尼は親族の間で肩身狭く暮らすのに堪えられるでしょうか。

親鸞は一人で帰京――成人になっている「子どもたち」――

第三に、私たちに錯覚があります。親鸞の子どもたちとして私たちが思い浮かべているのは、幼い子どもでしょう。しかし、子どもといっても、もっとも年上の小黒女房はすでに二十五、六歳です。その下の信蓮房は二十二歳です。以下、有房は十八歳くらい、高野禅尼は十四歳くらいです。彼らの多くは配偶者もいれば子どももいたでしょう。仕事も当然あるでしょう。それらを全部捨て、一緒に京都へ来いと親鸞は言えるでしょうか。京都の仕事の当てもないのに。

親鸞は一人で帰京――「子どもたち」にとって京都は故郷ではない――

第四に、それに、子どもたちにとって京都は故郷ではないのです。彼らにとっては帰京ではありません。これも私たちは錯覚していました。彼らは言葉も習慣も異なり、仕事もない、知り合いもいない京都に行きたい、親鸞と一緒に行きたいと思うでしょうか。無理でしょう。「そんなに京都に帰りたいなら、お父さんお一人でどうぞ」というところでしょう。それに親鸞が、家族が一緒に行ってくれることを望んだでしょうか。

『親鸞伝絵』に、

聖人、東関の堺《さかい》を出でて、花城《かせい》の路《みち》におもむきましましけり。

〔親鸞聖人は、箱根を越えて京都への路に踏み出されました。〕

とあるのは、一人でだったと考えるのが妥当でしょう。

2　恵信尼の出家

妻の出家――寺に入る場合――

当時、妻が出家するには三種類の機会がありました。

まず第一は、家を出て寺に入り修行をする場合です。このときには髪の毛を剃り、頭を丸めました。これは夫がいるままでも、離婚しても同じです。

妻の出家――夫が亡くなり、在宅で出家する場合――

第二は、夫が亡くなった場合の、在宅での出家です。寺には入りません。この場合、その女性の髪は剃らず、肩で切りそろえたのです。これを切り髪といいました。夫が亡くなっても、必ずしも出家しなくてもいいのです。問題はありません。しかし出家するのは、「私は夫に殉ずる。再婚する意思はありません」という宣言でもありました。すると、夫の家族が大切にしてくれるのです。財産（主に領地です）分与でも優遇してくれます。妻に夫側の財産をたくさんあげたのはいいが、他の男と再婚されたのでは領地が他の家に移ってしまいます。出家されたらそのような心配はいりません。夫に殉じてくれたということもあり、夫の家族は大切にします。

九条兼実の長男の内大臣良通《ないだいじんよしみち》はわずか二十二歳で急死しました。妻は悲しんで出家し、御堂《みどう》御前と称されました。舅の兼実は彼女を憐れんで広大な荘園を与えました。常陸の小鶴北荘です。

妻の出家――夫はいるが、在宅で出家する場合――

第三に、夫はいますが、家を出るつもりもない出家があります。この場合は、同居していれば敷地内の別棟に住む慣行になっていました。現代風にいえば、家庭内別居です。親鸞と恵信尼が関東にいる間、二人が別居していたようなことは考えられません。恵信尼が出家した気配はありません。すると、恵信尼は親鸞が京都へ向けて出発する直前に出家したのではないかと思います。もちろん戒師は親鸞でしょう。

3　稲田の見返り橋と親鸞が詠んだという和歌

家族を懐かしむ　笠間市稲田・西念寺では、親鸞は家族を稲田草庵に残して京都に帰ったと伝えられています。親鸞は草庵を出て間もなく、小川にかかる橋の上で、見送る家族を振り返りました。そのときに詠んだ和歌というのが伝えられています。次の和歌です。

わかれ路《じ》を　さのみなげくな　法のとも
またあう国の　ありとおもへば

〔いま私たちはそれぞれの人生の分かれ道に立っているけれども、そんなに悲しまないでおくれ、お互い仏法を学ぶ仲間だろう。また極楽浄土で会えるから、永遠の別れというわけではないんだよ〕

この歌は親鸞が詠んだという確証はありませんが、後世の人の心を揺さぶる和歌として今日に伝えられています。

見返り橋　小川の上にかかる橋は見返り橋とよばれています。親鸞が家族を懐かしみ、その上で振り返った、見返ったからだといいます。橋の周囲は一面の田圃です。近年、このあたりは区画整理がなされ、以前にはやや蛇行していたあぜ道が真っ直ぐになりました。その区画整理によって小川が地面の中に潜って、見えなくなりました。もともと石で造られていた見返り橋は、最近、別の石橋に変わりました。笠間市から西の桜川市は石の産地で、業者が多く、その一人の寄付だそうです。古い見返り橋は、現在、四国のさる寺院に引き取られています。

西念寺所蔵の江戸時代の絵図面を見ますと、見返り橋は違う位置に描いてあります。もっと東の方、西念寺の参道入り口に近い方です。つまり細かくいえば、見返り橋の位置は何回か変わったということです。また西念寺では、恵信尼は親鸞が京都へ帰ってからも越後へは行かずに、稲田で亡くなったとしています。

二、恵信尼の越後移住

1　家族の経済

恵信尼の領地

関東に残った恵信尼一家は、やがて越後に住居を移しました。その理由は経済的な問題と推定されます。稲田に親鸞も一緒に住んでいれば、宇都宮家の援助および門徒からの寄進もあったでしょう。生活は苦しくなかったはずです。しかし親鸞は京都、恵信尼一家は関東に残るとなれば、経済的には非常に苦しくなります。恵信尼にしてみれば、親鸞の生活費を送らなければなりません。宇都宮一族は、親鸞が京都へ帰ってしまえば援助をする理由がなくなります。門徒たちも、京都の親鸞と関東の恵信尼と、二か所に定期的に生活費を差し上げるというわけにもいかないでしょう。何よりも恵信尼が将来に向かって不安でしょう。

恵信尼には、三善家から譲られていた領地や下人が、越後国の国府付近にあったことは確実です。領地は一か所ではなく、何か所かあったようです。恵信尼は、そこから上がってくる年貢があったからこそ、親鸞を京都へ帰す決心ができたということが考えられます。領地に住み着いたことによって、年貢取り立ては確実になりました。

年貢を確実に

親鸞一家が稲田に住んでいるときから、越後の領地から年貢が送られてきていたとは思います。ただし、年貢を送る農民たちは誰でも送りたくはないのです。規定の年貢をごまかすこともあり得たのです。それに、年貢は稲田に住む恵信尼が荘園管理力によって送らせなければなりません。年貢が遅れれば、使いの者を送って、それを糺さなければなりません。とても大変ですが、それが荘園を支配し、経営するということです。子どもたちが代官として越後に送られ、そこに住んでいた可能性もあります。小黒女房はすでに二十数歳、信蓮房は二十二歳になっているのですから。

結局のところ、年貢をしっかりと確実に手に入れるためには、荘園の現地に住んで作物の豊かな恵みを得られるように管理し、年貢をきちっと納めるように督促するのがよいのです。門徒たちと仲よくなったというものの、親鸞がいない稲田に住んでいなければならない理由はありません。こうして恵信尼とその一家は三善家から譲られていた越後の領地に移住することを決心したのでしょう。

2　家族の配置

恵信尼の住所

恵信尼は越後でどこに住んだのでしょうか。恵信尼書状第三通に、ところどもかはり候ぬ。

「住所なども変わりました」とありますから、三十数年の越後生活でずっと同じところに住んでいたのではありません。その住所の一つに、「とびたのまき」という所があったと推測されています。それは恵信尼書状第九通に、「とびたのまきより」という文があるからです。文永四年（一二六七）、恵信尼八十六歳のときのことです。

「とびたのまき」というのは、新潟県上越市板倉区のうちの米増《よねます》「とよた」、上沢田「豊田」、長塚「飛田《とびた》」のうちのいずれかと考えられています。今のところ、米増「とよた」がもっとも有力です。そこには現在、「ゑしんの里記念館」が建っています。

娘・小黒女房

恵信尼書状では、恵信尼は子どもたちを次のように呼んでいます。

おぐろの女ばう（小黒女房）＝恵信尼書状第三通

しんれんばう（信蓮房）＝同第五通、くりさわ（栗沢）＝同第九通、同第十通

ますかた（益方）＝同第三通、第四通、第七通

わうごぜん（王御前）＝同第二通

恵信尼は子どもたちを地名で呼んでいることが多いことがわかります。自分の子どもであろうと実名で呼んではいけないという当時の慣行に基づいています。小黒は新潟県上越市安塚区小黒と推定されます。かつての五十公《いき》郷《みのごうこ》小黒保《ぐろのほ》の地です。このあたりは山間部で、

その中央を小黒川が流れています。現在の大字名は「こぐろ」で、川は「おぐろ・がわ」と発音します。小黒女房という言葉から推測される状態は、第一に、小黒に住む男性の妻、ということです。恵信尼と同居していて、小黒に住む男性がそこに通ってきている、という可能性が高いです。恵信尼書状第三通に、

おやも候はぬおぐろの女ばうのおんなご、おのこゞ、これに候うへ、〔もう亡くなってしまった小黒女房の女の子と男の子が私の所にいますのに加えて、〕

とあります。それは、小黒女房が亡くなったので恵信尼が引き取ったというより、最初から同居して育てていたということではないかと思います。

第二に、小黒という所に、領主として男性と一緒に住んでいる女性、という意味です。第三は、どこかの立派なお屋敷に住み込んでいて通称を小黒という女性、という可能性もあります。

以上の中では、第一か第二だろうと思います。小黒女房は早くに亡くなってしまいましたので、その肉声を窺うことはむずかしいです。

息子・信蓮房　信蓮房が「栗沢」と呼ばれているのは、栗沢に住んでいたからでしょう。「栗沢」は上越市板倉区栗沢と推定されています。

息子・有房　「ますかた」と呼ばれているのは、有房です。これは俗名です。正式の姓名は藤原有房であり、日野有房ともいいます。後に出家して道性《どうしょう》と称しました。「ますかた」は上越市板倉区関田・升方とされています。あるいは、同区玄藤寺新田・升方、同区中之宮・桝方という説もあります。

娘・覚信尼　覚信尼は「わうごぜん」と呼ばれていました。彼女は京都へ出て太政大臣久我《こが》通光《みちてる》の家に仕えました。女房になったということです。やがて十二歳のとき、従兄の日野広綱《ひろつな》が通ってきて男の子が生まれました。覚恵《かくえ》です。

従来、いくら女性でも十三歳で出産は若すぎる、十七、八歳のときの出産だろうという説がありました。しかし当時、女性は十三歳で大人の仲間入りでした。十三歳の初めに男性が通って来れば、その十三歳の内に子どもが生まれても何の問題もありません。

娘・高野禅尼　もう一人、親鸞と恵信尼には『大谷一流系図』などに高野禅尼《たかののぜんに》という娘がいたと記されています。この女性は上越市板倉区高野か、同区玄藤寺新田付近の高野山に住んでいたのではないかと考えられています。高野禅尼とは、第一に、「高野に住む男性と結婚し、後に出家した女性」という意味です。第二に、「高野の領主であり、出家した女性」という意味も考えられます。禅尼は出家した女性という意味です。禅宗の尼という意味ではありません。

子どもたちは、それぞれの場所で恵信尼の代官として住んだと推定されます。あるいは領地を分け与えられた可能性もあります。ただし、一つの荘園には複数の領主がおり、下地管理権は誰にでもあったわけではありません。

荘園領主の上下関係

荘園には、上位から下位へ、本家《ほんけ》→領家《りょうけ》→地頭《じとう》、預所《あずかりどころ》→名主《みょうしゅ》などの領主がいました。その下に農民がいました。もともとは下位の領主である名主が、強い豪族に領地を奪われないよう、上位の武士である地頭、預所などに寄進して守ってもらったのです。その際の寄進の仕方は、年貢の何割かを差し上げるという形でした。そして名主・地頭ともにその領地の領主を名のってもよかったのです。またそのようにした方が、下位の領主は上位の領主の権威を周囲に示せるというものです。地頭は、自分だけでは不安だったら、さらに上位の武士や・貴族・寺社に寄進しました。これが領家です。このような領家はいろいろな事情で自分より上位の貴族・皇族あるいは天皇や将軍に寄進することも多かったのです。これが本家です。

荘園領主の三種類の権利

これらの領主の権利は、三種類ありました。第一に、誰もが一つの土地の領主と名のれることです。第二に、その土地に対する権利は、得分権《とくぶんけん》といって、年貢を分け合って自分のものとする権利です。第三に、土地を管理し年貢を集める権利です。土地から収穫する作物などを上分《じょうぶん》といいます。年貢を集める権利は下地《したじ》管理権といって、どの領主も持っているのではありません。普通、農村に住んでいる領主である地頭または預所が持っています。またどの領主でも農村に住み着くことができ、そこの下地管理権を持てるということではありません。

三善家がいくら三代にわたって越後介を務め、越後国に領地を獲得したであろうとはいっても、収入の一部を得る得分権が中心だったでしょうから、恵信尼が常陸から来て越後に住み着くについては、もめ事はあったろうと推定されます。実家三善家や九条家の力添えがあったであろうと思います。その下で、恵信尼は着々と農村での領主としての暮らしを根づかせていきました。一人ではなく、子どもたち・孫たちを従えた一族の長としての姿がしだいに明らかになっていきます。

三、帰京後の親鸞

1　京都の生活

住所を転々と変える　この間、親鸞は京都で暮らし始めていました。『親鸞伝絵』に次のようにあります。

聖人故郷に帰て往時をおもふに、年々歳々夢のごとし、幻のごとし。長安洛陽の棲《すみか》も跡をとゞむるに懶《ものうし》とて、扶風馮翊《ふふふよく》ところどころに移住したまひき。

〔親鸞聖人は故郷に帰り、それ以前のことを思い出すと、長い年月のことがゆめまぼろしのように思われました。京都での住所は知り合いにあまり知らせたくないと、各地を転々とされました。〕

親鸞は帰京当時、各地を転々としたのです。なぜ転々としたのでしょうか。いくら社会の動きが遅い当時とはいえ、三十数年ぶりの京都の状況に驚き、戸惑った様子が察せられます。友人・知人もほとんどいなくなっていたでしょうし、とても淋しかったのではないでしょうか。関東では家族はもちろん、門徒も多く、親鸞といえば多くの人たちに知られていたでしょう。功成り名を遂げつつあったといってよいのだろうと思います。しかし懐かしく思って帰ってきた京都では、自分を振り向いてくれる者はどこにもいなかったでしょう。それでは関東に残してきた人たちにも面目が立たないという気持ではなかったかと思うのです。

五条西洞院に落ち着く

どれくらいの時間が経ってからか、やがて親鸞は五条西洞院あたりが気に入ったと、しばらくそこに住むようになりました。『親鸞伝絵』に、右掲の記事に続けて、五条西洞院わたり、これ一の勝地なりとて、しばらく居をしめたまふ。

とあります。すると親鸞の居所がはっきりし、関東の門弟たちも訪ねてくるようになりました。

今比《このころ》、いにしへ口決《くけつ》を伝へ、面受《めんじゅ》をとげし門徒等、をのをの好《よしみ》をしたひ、路《みち》をたづねて参集したまひけり。

〔このころになって、昔に親鸞聖人から教えてもらい、直接指導を受けた門徒たちが、それぞれ親鸞に親切にしてもらったことを忘れず、聖人の住居へ行く道を尋ねつつ、集まってきました。〕

門弟の訪問

関東から京都までの往復は日数も費用もかかります。武士たちの支配を受けている農民が自主的に京都まで訪ねて来るなど、まず、できません。どのくらいの人が親鸞を訪ねてきたか、多いとはいえないでしょう。皇居の警備である大番役で上京し、いい機会だからと親鸞を訪ねた弟子もいたようです。

このころの親鸞は何を考えていたのでしょうか。京都では積極的な布教活動をした気配はありません。執筆活動も、ほとんどありません。六十二歳のときにひら仮名『唯信抄』を、六十九歳のときに『唯信抄』を二部、筆写しているのが知られているのみです。もっとも親鸞の執筆活動は、八十代に入るまでほとんどありません。

2　家族との交流

恵信尼との別居生活

さて親鸞は恵信尼と別居生活になりました。しかし親鸞は恵信尼と離婚したのではありません。恵信尼書状第三通に、

こぞの十二月一日の御ふみ、同はつかあまりにたしかにみ候ぬ。なによりも殿《との》の御わうじやう、中々はじめて申におよばず候。

〔あなたの昨年の十二月一日のお手紙を、同じ月の二十日過ぎに、確かに読みました。特に夫親鸞の極楽へのご往生については、いまさら極楽往生されたかどうか疑問がわくということではなくて、往生されたことは疑いありません。〕

とあります。京都の覚信尼から親鸞が亡くなったことを知らせてきて、あわせて親鸞が極楽に往生できたかどうかという覚信尼の不安を、強く打ち消した内容です。恵信尼八十二歳のときの書状です。

恵信尼から「殿」と呼ばれる

注目すべきことは、親鸞は恵信尼から殿と呼ばれていることです。殿というのは、たとえば白河殿というように建物のことを指したり、そこに住んでいる人を意味したりもします。殿の前に太郎殿のように人名を付ければ敬称です。そして単独でしたら、主人、あるいは夫を指すのです。恵信尼は八十二歳に至るまで、親

鸞のことを夫としているのです。出家したからといって離婚したわけではないのです。

恵信尼書状第三通には、もう一か所、親鸞のことを殿と表現しているところがあります。

殿のひへのやまにだうそうつとめておはしましけるが、

〔夫親鸞は比叡山延暦寺で堂僧を務めておられたのですが、〕

というくだりです。

また恵信尼書状第四通には、

あの御えいの一ふくほしく思まいらせ候也。

〔あの夫親鸞を描いた絵一幅を欲しいと思っています。〕

と覚信尼に書き送っています。このとき、恵信尼八十二歳です。親鸞を嫌っていたらこのような希望は出さないでしょう。

門弟から生活費をもらう

親鸞は門弟から生活費の援助をもらっていたことは疑いありません。たとえば正元《しょうげん》元年（一二五九）閏十月二十九日、親鸞八十七歳のときに「ただの入道」へ送った書状の中に、

人々の御こゝろざし、たしかにたしかにたまはりて候。

〔皆さんからのお心のこもったお金を、間違いなく、間違いなく、受け取りました。〕

とあるようにです。でもそれはいつも来るものではありませんし、寄付金に依存して生活するわけにもいきません。

「たかだの入道」宛ての親鸞の書状は、同年閏十月一日付で「たかだの入道」が送ってくれた書状に対する返事でした。このときに「人々の御こゝろざし」が同封してあったのです。

有房との交流

親鸞と恵信尼、親鸞と息子・娘とは手紙によって交流を続けていたものでしょう。特に息子の有房は時々京都に出て親鸞に会っていた様子です。恵信尼書状第三通に、次のようにあります。親鸞臨終のときには覚信尼が見守っていたのですが、有房もいたというのです。

ますかたも御りむずにあいまいらせて候ける、おやこのちぎりと申ながらふかくこそおぼえ候へば、うれしく候うれしく候。

〔益方（有房）もご臨終に間にあわれたということは、親子の縁があるとはいいながら、それがとても深いように思えますので、とてもうれしいです。〕

とあります。

有房は、『大谷一流系図』によりますと、

叙爵《じょしゃく》、従五位下

とあります。叙爵というのは貴族が初めて従五位下に叙されることです。それは無数にいる中下級貴族の憧れの的でした。年貢が入ってくる田（位田）も与えられるので、生活もかなり安定したのです。叙爵が親鸞の息子にあるかというと、かなり疑問符がつきます。あるとすれば親鸞の伯父範綱の息子信綱（出家して尊蓮）とその息子広綱からの恩恵です。信綱は親鸞の信仰に傾倒していますし、広綱は覚信尼の夫です。

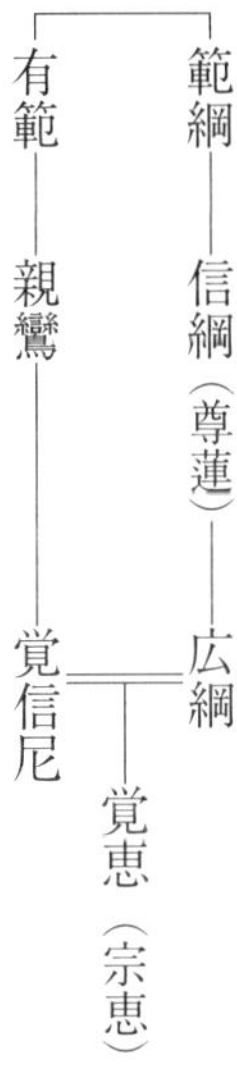

恵信尼書状第三通では、恵信尼が、

ますかたが子どももたゞこれにこそ候へば、

〔益方（有房）の子どもたちも私が育てています。〕

と言っているので、有房の生活の根拠地の一つが越後にあったことは間違いないようです。

覚信尼との交流

覚信尼は十三歳以前に京都へ来ましたので、親鸞とずっと交流を続けたと思われます。ただ同居していたのではなく、覚信尼は太政大臣久我通光に仕えてその屋敷で暮らし、そこへ日野広綱が通ってきていたということです。『人谷一流系図』に、

久我太政大臣通光公の家女房《いえのにょうぼう》。左衛門佐《さえもんのすけ》 広綱の室、宗恵阿闍梨《そうえあじゃり》の母。

とあります。家女房というのは、「貴族の家に仕える女性で、部屋（房）をもらっている人」という意味です。だいたい中級貴族の女性か、中級から下級にかけての貴族の女性が多いです。

第五章　越後の農村に住む恵信尼

一、越後の生活

1　農村の領主

下人を有する恵信尼　さて、恵信尼は越後でどのような暮らしをしていたのでしょうか。収入は確実だったはずです。領地もあるし、家で働かせる下人も所有していました。下人というのは、主人に人格的に隷属し召し使われていた人々です。主人の家を出ていく権利はありません。主人の家を逃げ出しても、結局は他の武士なり何なりに下人として働かせられることになり、同じことです。独立した農地経営など不可能です。主人の財産として他人に譲られることもありました。朝廷の法律では奴婢と呼ばれた身分の人たちです。

恵信尼書状第一通と第二通は、恵信尼が所有する下人の覚信尼への譲状です。第七通から第十通まで合わせて四通にも、下人の現状についての話が記されています。恵信尼が何人の下人を所有していたのかは不明です。そのなかで、覚信尼に譲る下人の人数は建長八年（一二五六）七月九日付の第一通には、男女合わせて七人とあります。同年九月十五日付の第二通には八人とあります。なぜ人数が変わってしまったかといえば、第二通に、

これらは、ことあたらしくたれかはじめてとかく申候べきなれども、げすはしぜんの事も候はんためにて候也。

〔これらのことは、詳しくはあらためて事情を説明しなければならないのですが、下人の間では思いがけず人数が変わってしまうこともあるのです。〕

と述べています。

下人を心配する恵信尼

恵信尼と下人たちとは身分が異なります。恵信尼の言葉づかいの端々からもそれはうかがえます。その上で、恵信尼は下人たちとそれなりの関係を築いていたようです。下人の体調や家族関係を心配する話も、恵信尼書状の各所に見られます。この七人ないし八人の下人は、恵信尼が亡くなった後に覚信尼の所有になったはずです。全員が京都へ行って覚信尼に仕えることになったのかどうか、あるいは残ったのか、いまのところ不明です。

地方へ下る貴族たち

恵信尼が晩年に越後へ行ったのは、そこが故郷だったからだろ

うという意見もあります。しかしどんどん増える貴族の人数を考えれば、京都で経済的に暮らせない貴族の数は増え続ける一方だったのです。彼らの中には、地方での暮らしを選択する者も多くいました。珍しいことではありません。言ってみれば恵信尼もその一員です。それに、越後でしたら恵信尼は二十六歳から三十三歳まで住んでいたので、地理的環境や人情風俗はよく理解できていたということです。

飢饉による貧しい暮らし

しかし、せっかく住み着いた越後には飢饉もありました。飢饉による貧しい暮らしもありました。恵信尼書状第三通に、

このくにはこぞのつくりものことにそんじ候て、あさましき事にて、おほかたいのちいくべしともおぼえず候。（中略）おほかたはたのみて候人のりやうどもみなかやうに候うへ、おほかたのせけんもそんじて候あひだ、中々とかく申やるかたなく候也。

〔この越後国は、昨年の農産物は特に凶作で、嘆かわしいしだいです。とても生きていけないのではないかと思います。（中略）子どもたちなど頼りにしている人たちの領地でも皆このような状態です。その上、世間一般でもこのような凶作ですので、もう何ともいいようがありません。〕

たしかに恵信尼は大変だったでしょう。若いころの京都、それから越後・関東での暮らしは、明らかに経済的援助が十分にあった上での生活でした。農村の領主といえば聞こえ

はいいですが、実際は農民と一緒になって生産活動に当たらなければなりません。また上級の領主に年貢を送らなければなりません。その作業がわかっていても、実際には大変だったでしょう。また前掲の史料のように、大雨や日照りによる作物の不作・飢饉も恐ろしかったに違いありません。恵信尼書状からは、農村生活の実態、その貧しさといったこともひしひしと伝わってきます。

「貧しさ」に対する見方の違い

でも現代の私たちはひたすら恵信尼に同情するわけにもいかないのです。「貧しさ」について、平安・鎌倉時代の人たちの感覚は現代人とは異なるところがあったのです。彼らは経済的な豊かさより、貧しさの方が人間生活を豊かにすると考えていました。それは仏教で、現世に対する執着心を捨てよ、捨てなければ成仏できない、往生できないと教えていたからです。俗世間の財産を捨てることが大切でした。

西行の出家

恵信尼が九歳の建久元年（一一九〇）に亡くなった西行は、二十三歳のときに出家しました。そのことを左大臣藤原頼長《よりなが》の日記『台記《だいき》』康治《こうじ》元年（一一四二）三月十五日条に、次のように記してあります。

西行はもと兵衛尉義清《のりきよ》也。重代の勇士たるを以て法皇に仕ふ。俗時より心を仏道に入る。家富み、年若く、心に愁《うれい》なきも、遂に以て遁世《とんせい》す。人これを歎美する也。（原漢

文）

〔西行は、出家の前は兵衛尉という職についていた佐藤義清でした。代々の名誉ある武官の家に生まれていたので、鳥羽上皇が家来としていました。俗人のときから仏の教えに傾倒していました。彼の家は経済的に豊かで、若いし、精神的にも思い悩むことはなかったのに、とうとう出家してしまいました。人々はそのことをとても褒めました。〕

「捨て聖」一遍　人々は、できれば西行のように貧しく生きたかったのです。その生き方の象徴ともいえる人が「捨て聖」と呼ばれた一遍智真《いっぺんちしん》です。一遍の教えをまとめた『一遍上人語録』に、

衣食住の三は三悪道《さんまくどう》なり。衣裳を求《もとめ》かざるは畜生道の業なり。食物をむさぼりもとむるは餓鬼道の業なり。住所をかまふるは地獄道の業なり。しかれば、三悪道をはなれんと欲せば、衣食住をはなるべきなり。

〔衣・食・住という三つに執着するのは、三つの恐ろしい世界に堕ちる原因になります。きれいな衣装で身を飾るのは畜生道へ堕ちる原因になります。食べ物を貪るのは餓鬼道へ、家に住むのは地獄へ堕ちる原因になります。そういうことですので、三つの恐ろしい世界に堕ちたくなければ、ぜいたくな衣食住を捨てなさ

い。〕

とあります。

人々は誰でも極楽へ往生したいのです、地獄や畜生の世界・餓鬼の世界に生まれたくはないのです。生きていく上で最小限の衣食住が必要なことは誰でもわかっています。その上で現世的な豊かさに執着せず、できれば貧しく生きたかったのです。それが極楽へ往生することを可能にしたのです。

貧しさの中にこそ心豊かな人間生活

貧しさの中にこそ、心豊かな人間生活があったのです。恵信尼書状第三通に、

いくほどいくべきみにても候はぬに、せけんを心くるしく思べきにも候はねども、み一人にて候はねば、これらがあるいはおやも候はぬおぐろの女ばうのおんなごおのこゞこれに候うへ、ますかたが子どももたゞこれにこそ候へば、なにとなくはゝめきたるやうにてこそ候へ。

〔あとどれほど寿命があるかわかりませんので、世の中を苦しい、生きにくいと思う必要もないとは思います。でも、ここにいるのは私だけではありませんので、生き抜く工夫をしなければなりません。どのような者たちがいるかというと、もう亡くなってしまった小黒女房の女の子と男の子です。有房の子どもたちも私が

一緒に育てています。それで生活は大変なのですけれども、私はなんとなく母親になったような気持でうれしいです。」

とあります。恵信尼は貧しい生活の中に、ささやかな精神的な幸せを見出していたのです。

経済的豊かさの尊重に変わる　日本列島に住む人が、豊かな方がいい、と思い始めたのは、十五世紀後半、戦国時代に入ってからです。浄土真宗の歴史でいえば蓮如が生きた時代です。この時代、日本は建築業をトップに経済的大繁栄の時代に入りました。カネさえあればよい人生が送れると思うようになったのはこの時代からです。それが現代まで続いてきたということです。近年では、そのことに対する強い反省が見られ始めています。

2　母として祖母として

子・孫をかわいがる　恵信尼は一家の長として子どもたちを各地に配置するとともに、母親・祖母として家族に気を配り、かわいがっています。恵信尼のしっかりした、やさしい人格が察せられます。子どもたちもまた、恵信尼とよい関係を保っているように見えます。

財産の悔い返し　ただ当時、次のようなこともあったのです。財産の相続についてです。当時の親には子どもたちに譲った財産（主に領地）について悔い返し権を持っていました。悔い返し権というのは、譲り状を作って正式に子どもに財産を譲っても、あとで取り返すことができるという権利です。「譲ったのは失敗だったと後悔して取り返す」権利です。幕府に譲ったことを証明してもらっていても同じです。このことについて、親の力は幕府を上回っていました。

取り返すときには、その理由はただ一つ、親不孝だけでよかったのです。「あの子は親不孝だ、親に孝行を尽くしていない」と親に言われれば、もらった領地を親に返さざるを得なかったのです。すると生活の基盤が一挙に崩れるということになります。経済的に生活ができなくなります。

したがって恵信尼の息子や娘は、恵信尼に対する親しみに合わせて、恵信尼に嫌われないように気を配ったはずです。そのような社会慣行も背景にして、恵信尼を頂点として家族は心の交流を深めつつ、日常の生活を送ったと考えられます。そのなかでも恵信尼と覚信尼との交流は特筆されます。

二、覚信尼との心の通い合い

1　京都の覚信尼

日野広綱と結婚　恵信尼書状を読んで心を打たれるのは、末娘で京都に住む覚信尼との心の通い合いです。親鸞が京都へ戻った貞永元年（一二三二）、覚信尼は九歳です。そして恵信尼と一緒に越後へ行き、十三歳までに京都へ行って太政大臣久我通光の屋敷に仕えるようになりました。前述しましたように、夫は日野広綱でした。又従兄です。二人の間には、息子の覚恵と娘の宰相《さいしょう》（光玉《こうぎょく》）が誕生しました。やがて広綱は亡くなり、覚信尼は親鸞と同居して、その面倒をみるようになりました。

小野宮禅念と再婚　親鸞没後、覚信尼は中下級の貴族小野宮禅念《おののみやぜんねん》と再婚しました。親鸞が亡くなってから四年後の文永三年（一二六六）、息子が誕生しました。唯善《ゆいぜん》です。覚信尼四十三歳のときの誕生ですから、かなりの高年齢出産です。唯善は兄の覚恵とは三十歳も年齢差があります。

日野範綱――信綱（尊蓮）――広綱
　　　　　　　　　　　　　‖――宗恵（覚恵）
　　　　　　　　　　　　　‖――宰相（光玉）
　　　　　　　　　　　覚信尼
　　　　　　　　　　　　　‖――唯善
　　　　　　　　　　小野宮禅念

2　覚信尼との心の通い合い

覚信尼との親しい交流　覚信尼は恵信尼が四十三歳のときに生んだ末っ子です。なおかつ、五十歳過ぎに手放し、京都へ送った子です。覚信尼への思いは、他の子どもたちにもまして深く強いように見えます。それはいろいろな品物のやり取りからも察せられます。

恵信尼書状第九通に、

　こそで、たびたびたまはりて候。うれしさ。いまはよみぢこそでにて、きぬも候はんずれば申ばかり候はずうれし□候也。

〔小袖を何度もいただきました。うれしいです。今回いただいたのは、亡くなっ

たときに着せてもらう「よみぢこそで」に使えます。また普段の衣類も入ってい
ましたので、お礼の申しようもなくうれしいです。」
とあります。
また恵信尼書状第十通には、
はりすこしたび候へ。このびんにても候へ。御ふみの中にいれてたぶべく候。
〔針を少しください。この手紙を運んでくれる人にでも託してください。あなた
のお手紙の中に挟んで送ってください。〕
とあります。このとき八十七歳の恵信尼は、なにやら覚信尼に甘えている気配もあります。

覚信尼の息子への思い――覚恵――

また覚信尼の息子や娘たちに対しても、強い思いを抱いていました。恵信尼書状第十通に、次のようにあります。「きんだち」というのは、公達・君達とも書きます。貴族の子女のことです。
きんだちの事、よにゆかしくうけ給はりたく候也。上のきんだちの御事もよにうけ給りたくおぼえ候。
〔お子さんたちのことを、心の底から知りたいと思います。上のお子さんのこと
もほんとうに知りたいです。〕
「上のきんだち」というのは覚恵のことです。その覚恵について、同書状に、次のよう

にあります。「くわうず御ぜん（光寿御前）」が覚恵のことです。

くわうず御ぜんのしゆぎやうにくだるべきとかやおほせられて候しかども、これへはみへられず候。

〔光寿御前が修行のために都を出て地方に行くとか仰っておられましたが、こちらにはいらしていません。〕

覚信尼の息子への思い――唯善――

恵信尼は唯善のことも聞きたがっています。同書状に、

おと、しやらんむまれておはしまし候けるとうけ給はり候しは、それもゆかしく思まいらせ候。

〔一昨年でしたか誕生されたとうかがったお子さんのこともぜひ知りたいです。〕

とあります。恵信尼は唯善の名前をまだ知らないのです。

覚信尼の娘への思い――光玉――

覚信尼には娘もいました。宰相殿と呼ばれた女性です。恵信尼書状第十通に、

さいさう殿いまだひめぎみにておはしまし候やらん。

〔さいさう（宰相）さんはまだ独身ですか。〕

と心配しています。この女性は後に如信と結婚し、光玉と呼ばれました。

覚信尼への強い思い

そして恵信尼書状第八通には、覚信尼に対する狂おしいほどの思いを次のように述べています。

なにごともいきて候し時はつねに申うけたまはりたくこそおぼえ候へども、はるばるとくものそとなるやうにて候こと、まめやかにおやこのちぎりもなきやうにてこそおぼえ候へ。ことには、おとごにておはしまし候へば、いとをしきことに思まいらせて候しかども、みまいらするまでこそ候はざらめ、つねに申うけたまはる事だにも候はぬ事、よに心ぐるしくおぼえ候。

〔どんなことであっても、この世にいる間はいつもあなたからお話をうかがいたいと思っているのです。でも京都と越後と離れていて、あなたは遠く遠く雲のかなたにいるようで、心のこもった親子の縁もないような気がしてしまいます。特にあなたは末っ子でいらっしゃるのでかわいくてたまりません。お目にかかることまではできませんが、いつもお話をお聞きしたいです。でも、それもできません。とてもつらいです。〕

子どもは、どの子どもでもかわいいのですが、遠く離れた所にいる末っ子はとてもかわいく、いとおしかったのです。「ことには、おとごにておはしまし候へば、いとをしきことに思いまいらせて候」、しかも会えない、つらいと書き送った恵信尼の気持は、現代の私たちの心にも響きます。

三、晩年の恵信尼の信仰

1　信心の念仏

念仏を維持　恵信尼の信仰は、まず、三善家伝来の信心の念仏でした。それに上からかぶさる形での法然から学んだ専修念仏がありました。そして親鸞との結びつきの中で深まった信心が恵信尼の信仰の本質でした。そして五十一歳のときに親鸞とは住む所を別にしました。越後と京都です。それから親鸞が亡くなるまで、夫婦としての意識は保ちつつも三十年間の別居生活でした。二十歳で親鸞と知り合ってから五十一歳で別居が始まるまで三十一年間。まさにほぼ同じ年数です。

別居以後の信仰　越後の農村で親鸞と別居しての三十年の生活。その間の信心の念仏の維持はかなり大変だったと思われます。しかし前述したように、親鸞の浄土三部経千回読誦や、信心の念仏に対する意識が明確であることから判断すれば、恵信尼は信心の念仏をずっと維持していたと考えられます。その上での越後の地元の信仰への親しみがあったでしょう。それがなければその環境の中で生きてはいけなかったであろうと思います。

2　五輪塔を望む

高さ七尺の「そとば（五輪塔）」

恵信尼書状第七通に、恵信尼が五輪塔《ごりんのとう》を建てたがっていることが記されています。

いきて候時そとばをたてゝみ候はゞやとて、五ぢうに候いしのたうを、たけ七さくにあつらへて候へば、たふしつくると申候へば、いできて候はんにしたがひてたてゝみばやと思候へども、

〔生きているうちに卒塔婆《そとば》を建ててみたいと思いまして、五重の石塔を高さ七尺で設計してみました。石工に相談をかけてみますと、「引き受けました」ということでした。図面が完成したら建ててみたいものだと思いますが、〕

とあります。

五輪塔の成りたち

卒塔婆は、もともとはインドの土饅頭型に盛り上げた墓のことです。卒塔婆を略して塔婆、塔ともいいます。日本では五重塔や三重塔などの大きな建物が知られています。平安時代後期以降には墓の上に塔を建てる風習が広まりました。中でも、

五輪塔や宝篋印塔《ほうきょういんとう》が有名です。五輪塔は、密教で説く宇宙を形成する五大要素を下から石で積み上げたものです。五大要素とは、地輪（四角の石）・水輪（丸い石）・火輪（三角の石）・風輪（半円の石）・空輪（宝珠の石）の五つです。それぞれカッコ内の形の石で表します。五輪塔は現代でも各地にたくさん残っています。追善供養のための建造物です。

地方の領主の風習

高さ七尺の五輪塔というのは、かなりの大きさです。恵信尼は自分の後世のために、自分で生前に建てたかったのです。「誰々のために」と書いていない以上、そう理解するしかありません。それが当時、越後の領主たちの風習であったのでしょう。しかもそのように大きな五輪塔を建てたいということは、領主恵信尼の本来の経済力が大きいことを示しています。

　恵信尼書状第八通にも、五輪塔を建てたいと書かれています。石工も図面が完成したといっているのですが、でも飢饉のせいでしょうか資金がなくなってしまいました。それで建てられませんと記し、続けて、

　そのうちにもいかにもなり候はゞ、こどもゝたて候へかしと思て候。

〔そうこうしているうちに命がなくなってしまったら、子どもたちに建ててほしいと思います。〕

と記しています。恵信尼は、「欲しい欲しい」と言ってはいるものの、費用の工面がつか

ない状況になると、あっさり「じゃ、子どもたちに頼もう」と割り切った気配が窺えます。

親鸞と恵信尼とは別人格

この恵信尼の五輪塔建立の希望について、従来、「親鸞の妻が五輪塔などを欲しがるはずがない、信心の念仏以外は求めてはいけない」という強い意見がありました。しかし、これは考察の方向が逆さまです。まだ浄土真宗教団はありません、組織として守るべき教義・教理は存在していません。親鸞と恵信尼は同一人格ではないのです。それに夫唱婦随の時代ではありません。恵信尼が、仮りに親鸞と異なる信仰を持っていたとしても、咎められる筋合いではないのです。後の教団の観点から恵信尼の行動を判断するのはおかしいのです。「恵信尼が五輪塔を欲しがったのは事実。それはどうしてか」という観点から考えていくべきです。

恵信尼は自分が越後の農村で生きた証しとして五輪塔を求めたのでしょう。そのことと信心の念仏とは矛盾しません。矛盾しないとして、恵信尼の心理を考察すべきでしょう。恵信尼はその一身で三十年にわたり遠くから親鸞を見守り、生活を支え、また多くの息子・娘が生きていけるようにしたのです。その苦労を思い、後世の論理から「親鸞の妻はこうあるべきだ」とするのはやめたいものです。

3　恵信尼の極楽浄土観

極楽往生への願い　では最晩年の恵信尼はどのように極楽浄土をみていたのでしょうか。また極楽へ往生するためにはどうすればよいと考えていたのでしょうか。恵信尼書状第十通に次のようにあります。恵信尼八十七年の人生とその願いが込められています。

わが身はごくらくへたゞいまにまいり候はむずれ、なに事もくらからずみそなはしまいらすべく候へば、かまへて御念仏申させ給て、ごくらくへまいりあはせ給べし。なほなほごくらくへまいりあひまいらせ候はんずれば、なにごともくらからずこそ候はんずれ。

〔私は今すぐ極楽へ往くでしょう。極楽では阿弥陀様は何でもおわかりになっていますでしょうから、あなた（覚信尼）も必ずお念仏を称えていただいて、極楽へ往ってお目にかかりましょう。なお、極楽でお目にかかれれば、極楽は暗くはない、すべて明らかな所だと思いますよ。〕

恵信尼は極楽へ往生することを確信しています。少しも疑ってはいません。その極楽へ往生すれば、「私たちを助けてくださる阿弥陀様は、私たちのことを何でもはっきりとおわかりになっておられるのです。それと同じように、私たちもお互いの心の中も周りの風景も、ほんとうに暗くはなくはっきりと見えるのですよ」と覚信尼に説いています。

極楽は暗くはないところ

「ごくらく」は「くらからずこそ候はんずれ」というのは、まさに恵信尼が八十七歳で到達した極楽浄土観なのです。恵信尼は極楽浄十に金銀財宝や栄耀栄華を求めてはいません。きれいな着物もおいしいご馳走も求めてはいません。また浄土三部経にあるような、空には涼しい風が吹き、川には冷たい水が流れ、果実がなる緑の木があり、美しい声で鳥が鳴くといったようなものは求めていません。

恵信尼が極楽に何を求めているかといえば、それは「なにごともくらからず」ということだけでした。たまたま、恵信尼がこの書状を書いているのが夜で、それも書状を京都の覚信尼に届けてくれる人が翌朝未明の暁に出発するというので、急いでこまごまと書いている状況はあったと思います。

なにごとも申たき事おほく候へども、あか月たよりの候よし申候へば、よるかき候へば、よにくらく候て、よもごらんじへ候はじとてとゞめ候ぬ。

〔いろいろなことについてお伝えしたいことは多いのですけれども、明日の暁に出発するそうですから、夜のうちに書いているのですが、とても暗くて字がよく書けません。これではとてもお読みになれないだろうと思いますので、これで止めることにします。〕

恵信尼が極楽浄土に望んでいるのは、「この暗い状態だけなんとかしてもらえないかなあ」という実にささやかな望みです。明るいところが欲しいと強く望むのではないのです。「暗くないところを」という、贅沢を望まない、恵信尼の心の崇高《すうこう》さが思われます。その望みを、遠く離れて都に住む、会いたいけれどもそれが叶わない娘と分かち合いたいと願っているのです。

恵信尼の最晩年の信仰は、念仏を称えて極楽往生を確信し、農村の風習の五輪塔を求めるというものでした。その念仏はすでに信心を強調せずとも自然に口をついて出るものでした。自分の極楽往生をまったく疑っていないところがそれを示しています。また、遠く離れた娘に会いたいという人間自然の気持を、そのまま表す生活を送っていたのです。その上での念仏でした。

4　恵信尼の没

病気になった恵信尼　最晩年の恵信尼は病気にもかかったようで、そのことは恵信尼書状に示されています。彼女はそれらを乗り切っていましたが、文永五年（一二六八）三月十二日付の書状（第十通）を最後に、私たちの前から姿を消しました。この年の内に亡くなったのであろうと推定されています。八十七歳です。まもなく親鸞の九十歳に及ぼうという長寿でした。恵信尼の墓所はわかっていません。荼毘に付した所も含めていくつかの説がありますが、確実な所は不明です。

米増の五輪塔　新潟県上越市板倉区米増では、恵信尼が建立したのではないかとされる五輪塔が昭和三十年代から注目されるようになりました。現在、そこにはそれを記念する施設と、財団法人ゑしんの里観光公社が設立した「ゑしんの里記念館」が建っていて、在りし日の恵信尼がしのばれています（『越後の恵信尼――ゑしんの里　いたくらから――』財団法人ゑしんの里観光公社、二〇一二年）。

おわりに

恵信尼は京都の貴族三善家に生まれました。三善家は中下級貴族ながら名誉ある博士家で、同時に信心の念仏にあつい家でした。家は関白九条兼実に仕えていました。貴族の女性としての教育を受けた恵信尼は、成人して兼実の娘で後鳥羽天皇の中宮となった宜秋門院任子に仕えました。

恵信尼は二十一歳のときに法然の吉水草庵で親鸞と知り合い、やがて結婚しました。二十六歳のときには、流罪となった親鸞と一緒に越後国に下りました。越後国七年間の滞在中、子どもが二人生まれました。

越後での生活は、従来言われていた経済的な苦しさはなかったと考えられます。ただ親鸞の吉水からいきなり切り離されてのたった一人での学びと、恵信尼の実生活になじまなければならない日常は、ほんとうに大変だったと思われます。しかし恵信尼は置かれた状況に対応していこうという意欲と能力があり、しだいに生活力を身につけていきました。

流罪が赦免になった親鸞は、恵信尼三十三歳のときに布教のために関東へ向かう希望を抱きました。恵信尼はこのときも親鸞に同行する決意を固めました。関東での恵信尼は、親鸞の信心の動揺や深まりを見守り、『教行信証』を執筆させ、一方ではしだいに増える親鸞の門弟たちを巧みに指導したと考えられます。またさらに三人生まれた子どもと合わせて五人もの子どもを育て上げました。恵信尼の働きは関東の人々に強い、好ましい印象を残しました。

恵信尼五十一歳のとき、親鸞は京都に帰りました。その後まもなく、恵信尼は越後に移り、覚信尼を除く子どもたちと農村の領主生活を始めました。越後からは送金や書状によって親鸞を支えました。ここでも恵信尼は生活になじみ、関東に引き続く一家の運営に能力を発揮しています。

恵信尼八十一歳のとき、親鸞が亡くなりました。恵信尼は親鸞が極楽浄土に往生したことを確信しています。恵信尼自身は、念仏と地元に根差した信仰の中で一生を終えました。それは八十七歳のときであったと推定されます。

恵信尼はどのような女性であったのでしょうか。現在求められているのは、先入観を離れた、恵信尼の実際の姿の研究でしょう。それをさらに求めていきたいと思います。

＊＊＊＊＊

本書を執筆するにあたって基礎にした拙著を、出版社（出版元）ごとにあげておきます。

法藏館
『親鸞の家族と門弟』（二〇〇二年）
『現代語訳　恵信尼からの手紙』（二〇一二年）
吉川弘文館
『親鸞と東国門徒』（一九九九年）
『親鸞と浄土真宗』（二〇〇三年）
東本願寺出版部
『恵信尼消息に学ぶ』（二〇〇七年）
茨城新聞社
『茨城と親鸞』（二〇〇八年）
『親鸞の風景』（監修、二〇〇九年）

自照社出版

『親鸞とその家族』（一九九八年）

『親鸞と恵信尼』（二〇〇四年）

『親鸞をめぐる人びと』（二〇一二年）

『下野と親鸞』（二〇一二年）

「歴史を知り、親鸞を知る」シリーズ

❶『親鸞聖人と東国の人々』（二〇〇九年）

❷『恵信尼さまってどんな方？』（二〇〇九年）

❸『二十九歳の親鸞聖人』（二〇一〇年）

❹『親鸞聖人　稲田草庵』（二〇一一年）

❺『関白九条兼実をめぐる女性たち』（二〇一二年）

❻『常陸の親鸞聖人――常陸国府から鹿島神宮へ――』（二〇一三年）

筑波大学日本語・日本文化学類

『日本の宗教と芸能』（二〇〇二年）

『鎌倉時代の人物群像』（二〇〇三年）

真宗文化センター

「関東の親鸞シリーズ」

①『四十二歳の親鸞──越後出発から関東への道──』（二〇〇九年）
②『四十二歳の親鸞・続──関東の住所──』（二〇〇九年）
③『四十四歳の親鸞──さまざまな門弟たち──』（二〇一〇年）
④『四十六歳の親鸞──さまざまな門弟たち・続──』（二〇一〇年）
⑤『四十九歳の親鸞──承久の乱のころ──』（二〇一一年）
⑥『五十二歳の親鸞──『教行信証』の執筆──』（二〇一二年）
⑦『五十三歳の親鸞──下野国への布教──』（二〇一二年）
⑧『五十五歳の親鸞──嘉禄の法難のころ──』（二〇一三年）

あとがき

『恵信尼――親鸞とともに歩んだ六十年――』。私は本書にこのような書名をつけました。私たちは、昔の夫婦関係というと、つい江戸時代以降の夫婦を思い描いてしまいます。夫唱婦随、妻は夫の意志のとおりに生きるべきだった、夫に仕えて生きるのが正しい姿だったという夫婦像です。そこから、恵信尼は夫親鸞によく仕えた、というような見方になってしまっていました。しかし鎌倉時代の妻は、女性は、驚くほど自立していました。それぞれの人生の転機では、その後の生き方を自分の決意によって選択していました。

恵信尼は親鸞の理想に共鳴し、ともに歩む決心をして人生を過ごしました。恵信尼の人生を知るには親鸞の生き方もよく見ていかねばなりません。恵信尼の伝記を描いた本書で、親鸞の生き方を多く取り上げつつ書き進めたのは、そのような理由によります。本書の書名の由来も同じ理由です。

本書の執筆に当たり、前著『現代語訳　恵信尼からの手紙』（二〇一二年）と同様、法藏館の皆様方には大変お世話になりました。特に編集長の戸城三千代氏と担当してくださった満田みすず氏にあつく御礼を申し上げます。

二〇一三年九月九日

今井雅晴

今井雅晴（いまい　まさはる）

1942年、東京生まれ。

1977年、東京教育大学大学院文学研究科博士課程修了。

茨城大学教授、プリンストン大学・コロンビア大学客員教授、筑波大学大学院教授等を経て、現在、筑波大学名誉教授、真宗文化センター所長。文学博士。

主な著書に、『親鸞と東国門徒』『親鸞と浄土真宗』（吉川弘文館）、『親鸞と本願寺一族』（雄山閣出版）、『親鸞とその家族』『親鸞と恵信尼』『親鸞と如信』『歴史を知り、親鸞を知る１～５』（自照社出版）、『わが心の歎異抄』（東本願寺出版部）、『親鸞の家族と門弟』『現代語訳　恵信尼からの手紙』（法藏館）など多数。

恵信尼
――親鸞とともに歩んだ六十年――

二〇一三年一一月二〇日　初版第一刷発行

著　者　今井雅晴
発行者　西村明高
発行所　株式会社　法藏館
京都市下京区正面通烏丸東入
郵便番号　六〇〇-八一五三
電話　〇七五-三四三-〇〇三〇（編集）
〇七五-三四三-五六五六（営業）

装幀者　上野かおる
印刷　立生株式会社　製本　新日本製本株式会社

ISBN 978-4-8318-4040-0 C1021